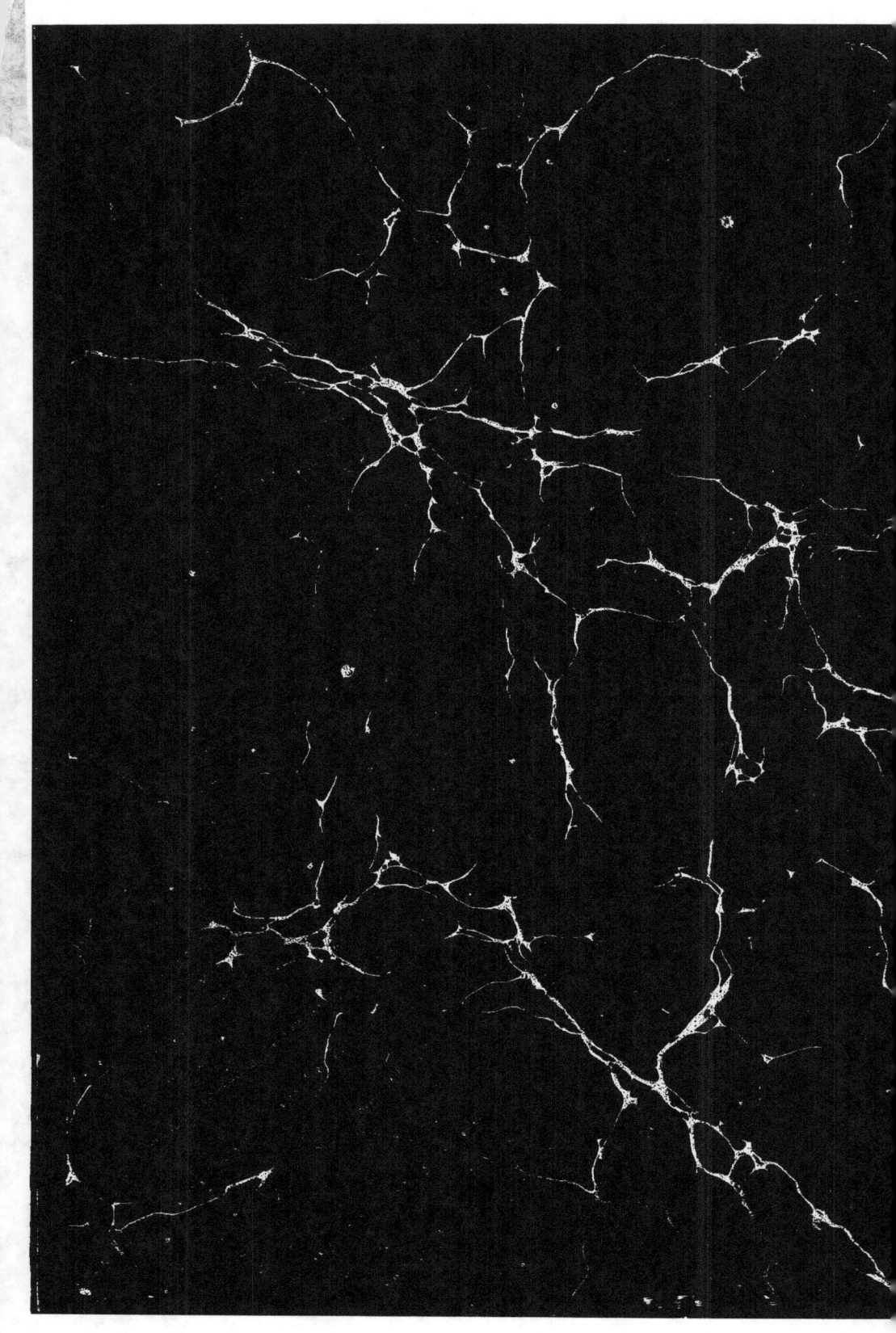

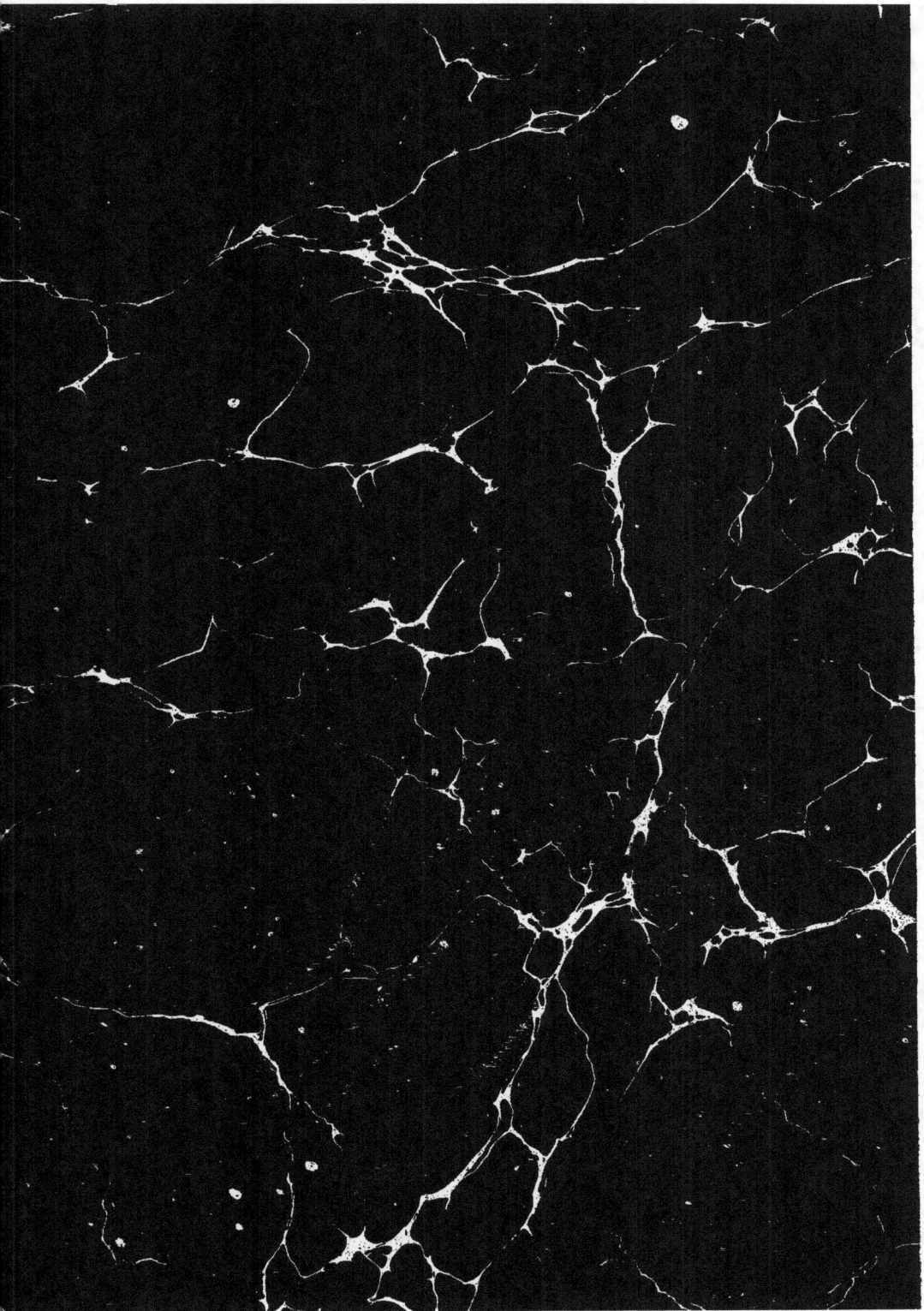

V
P316
3B-14
©

1562

VIES ET OEUVRES

DES

PEINTRES LES PLUS CÉLÈBRES

DE TOUTES LES ÉCOLES;

RECUEIL CLASSIQUE,

CONTENANT

L'ŒUVRE complète des Peintres du premier rang, et leurs Portraits; les principales Productions des Artistes de 2e et 3e classes; un Abrégé de la Vie des Peintres Grecs, et un choix des plus belles Peintures antiques;

RÉDUIT ET GRAVÉ AU TRAIT,

D'APRÈS les Estampes de la Bibliothèque nationale et des plus riches Collections particulières;

PUBLIÉ PAR C. P. LANDON, Peintre, ancien Pensionnaire du Gouvernement à l'École Française des Beaux-Arts à Rome, Membre de plusieurs Sociétés Littéraires, Éditeur des Annales du Musée.

A PARIS,

Chez C. P. LANDON, rue de l'Université, N° 19, vis-à-vis la rue de Beaune.

IMPRIMERIE DE CHAIGNIEAU AÎNÉ.
1809.

VIE

ET CHOIX DE L'OEUVRE

DE

LÉONARD DE VINCI.

VIE

DE LÉONARD DE VINCI.

Léonard de Vinci fut un de ces génies rares, singulièrement favorisés de la nature, et pour qui tout est facile. Il est le premier peintre florentin qui ait assujéti à des règles certaines l'art de la peinture que Cimabué avait rétabli en 1260. Né en 1452, de parens nobles, dans le château de Vinci, près de Florence, il ne crut pas que ce fût un motif pour négliger de développer tous les dons qu'il avait reçus en naissant. Les armes, la musique, la poésie, l'architecture, la sculpture, l'anatomie et la géométrie, lui furent aussi familières que la peinture, à laquelle cependant il donna toujours la préférence. A peine entré dans l'école d'André Verocchio, à Florence, où il eut pour condisciple le Pérugin, il peignit un ange dans un tableau du baptême de N. S. que faisait son maître. Cet ange était si supérieur aux autres figures, qu'André Verocchio, piqué de se voir surpassé par un jeune homme, brisa ses pinceaux et renonça à son art.

Après ces premiers essais, Léonard de Vinci crut pouvoir se passer de maître. Attiré à Milan par Ludovic Sforce, il s'y perfectionna dans toutes les parties de la peinture, y établit une école, et peignit entre autres son fameux tableau de la Cène, dont les caractères expressifs sont si généralement admirés. Cependant il ne termina pas complètement ce chef-d'œuvre. Comme il se formait toujours des idées convenables à la dignité de ses sujets, il en avait une si belle et si haute de l'humanité de Jésus-Christ, qu'il laissa la tête ébauchée, parce que l'art ni les couleurs ne pouvaient assez dignement exprimer ce qu'il s'était figuré de la beauté et de la majesté du fils de Dieu. C'est à Milan, qu'à l'entrée de Louis XII, il montra, comme machiniste, un talent qui embellit le triomphe du vainqueur. Ce qu'il acheva de plus considérable en cette circonstance, fut la figure d'un lion, dont les ressorts étaient si bien ajustés, qu'après avoir marché plusieurs pas devant le roi, lorsqu'il entra dans la salle du palais, l'automate s'arrêta tout à coup, et, ouvrant sa poitrine, fit paraître les armes de France. Enfin, bravant tous les obstacles et toutes les préventions, Léonard fit le plan d'un canal pour amener à Milan les eaux de l'Adda, et bientôt ce fleuve vint baigner les murs de la ville. Il rendit dans la suite un service à peu près semblable à la ville de Florence, qui lui doit encore, ainsi qu'à Michel-Ange, ces ouvrages que toutes les écoles ont étudiés, et qui sont regardés comme les premiers modèles du grand dans le dessin.

Peu de temps après arriva la défaite du duc de Milan, qui fut amené prisonnier en France en 1500, et mourut à Loches. Cette disgrâce des Sforce, et les troubles qui étaient dans la Lombardie, furent cause que l'académie qui s'était établie à Milan se dissipa peu à peu. Cependant il y avait des peintres qui s'étaient distingués sous la conduite de Léonard, entre autres François Melzi, César Sesto, Bernard Luini, André Solario, Paul Lomazzo, et quelques autres milanais qui avaient si bien saisi sa manière, que souvent on a fait passer leurs ouvrages pour être de la main du maître, afin de les faire rechercher et de leur donner une plus grande valeur.

Léonard ayant quitté Milan pour se rendre à Florence, fut employé par le Sénat à peindre, avec Michel-Ange, la grande salle du conseil; animés l'un et l'autre d'une noble émulation, ils dessinèrent ces fameux cartons dont il est tant parlé dans l'histoire de la peinture, et qui ont contribué à l'instruction de tous les peintres qui les ont suivis. Léonard fit plusieurs portraits dans cette ville, entre autres celui de Mona Lisa, célèbre par sa beauté et femme de Francesco Giocondo, gentilhomme florentin. Cet ouvrage est un des plus achevés qui soient sortis de son pinceau (1). Ce fut vers ce temps-là que Raphaël vint pour la première

---

(1) François Ier. acheta ce tableau 4,000 écus. Il fait partie de la collection du Musée.

fois à Florence. Il n'avait pas encore vingt ans et sortait de l'école du Pérugin; il desirait ardemment de connaître Léonard, dont la réputation était répandue dans toute l'Italie, et fut frappé des beautés nouvelles qu'il découvrit dans ses ouvrages. Il abandonna bientôt la manière sèche et dure du Pérugin, et profita, pour s'instruire, des démêlés de Léonard de Vinci et de Michel-Ange.

Léonard demeura à Florence jusqu'en 1513, et y travailla pour plusieurs particuliers. Il peignit pour un gentilhomme du duc de Florence, nommé Camille de gli Albizzi, une tête de Saint Jean-Baptiste, qui depuis a appartenu au prince de Condé (1). Après la mort de Jules II, Léonard accompagna le duc Julien de Médicis à Rome. Le nouveau pontife Léon X lui commanda un tableau. On raconte que, voyant le peintre distiller des huiles pour composer le vernis au lieu de se mettre au travail, il eut mauvaise idée du talent d'un homme qui songeait à finir son ouvrage avant de le commencer. En effet, Léonard n'a guère terminé de tableau, il y laissait toujours quelque chose d'imparfait: ces incertitudes ne venaient que de l'excellence de son goût qui tendait sans cesse vers la perfection, et ne pouvait se contenter.

Cependant l'émulation qui régnait toujours entre Léonard et Michel-Ange, engagea ce dernier à quitter Florence pour se rendre, ainsi que son rival, à la cour du pape. Mais comme leur inimitié amenait chaque jour de nouveaux différents, et que les élèves de l'un et de l'autre travaillaient sans cesse à diminuer la réputation de deux hommes que devait unir constamment la gloire, Léonard de Vinci, fatigué de ces querelles toujours renaissantes, céda aux sollicitations de François Ier., et vint en France, quoique âgé de plus de soixante ans, jouir de l'amitié de ce prince, et, si l'on peut le dire ainsi, terminer une vie honorable par une mort dont les arts doivent garder le souvenir. En 1519, à l'âge de soixante-sept ans, retenu dans son lit par de vives douleurs, cet homme célèbre, aussi recommandable par ses vertus que par ses talens, fut tellement touché de la bonté du Monarque français qui venait le

---

(1) Cette tête de Saint Jean est probablement la même que l'on voit au Musée, et qui provient de l'ancienne collection de la Couronne. Ce tableau avait été vendu au Roi par M. de Jabach.

visiter, que se soulevant pour lui témoigner son respect, il retomba mourant entre les bras du prince, qui reçut ses derniers soupirs.

Cet homme rare avait une physionomie agréable; il était bien fait et d'une force extraordinaire; il parlait avec grâce et se faisait généralement aimer et estimer. Il ne fut que cinq ans en France; et, comme il était presque toujours incommodé, il n'y fit aucun ouvrage. Ce grand peintre, qui ne croyait jamais avoir assez corrigé ses ouvrages, s'est attiré le reproche d'un fini trop précieux. Ses chairs sont plus séduisantes que vraies, et la couleur en est souvent un peu rouge. Ces défauts sont rachetés par la netteté des formes, la grâce de la composition, et par une vérité et une finesse d'expression qu'il dut à la connaissance du cœur humain. Léonard de Vinci a laissé quelques préceptes sur son art: ce sont de simples matériaux pour un *traité de peinture*; cependant ils ont été imprimés en France sous ce titre.

Il a peint à Florence, dans la grande salle du conseil, l'histoire de Niccolo Piccinino, capitaine du duc de Milan, et composé pour le maître-autel de l'église de l'Annonciade une Sainte-Famille avec Sainte Anne et Saint Jean, dont il fit seulement le carton; à Rome, une Vierge qu'il fit pour Clément VII; pour l'empereur, une Nativité et deux têtes de Méduse dont la composition est effrayante.

A Milan, dans le réfectoire des Dominicains, comme nous l'avons dit précédemment, ce fameux tableau de la Cène, que le temps a tellement endommagé qu'à peine en reste-t-il aujourd'hui quelques traces où l'on puisse retrouver la main du maître. Il en existait deux bonnes copies en France, l'une dans l'église de Saint-Germain-l'Auxerrois, à Paris, l'autre dans la chapelle du château d'Écouen; cette dernière fait partie de la collection du Louvre. Dans l'église de Saint-Celse, à Milan, la Vierge assise sur les genoux de Sainte Anne, et retenant son fils qui joue avec un agneau. Il en a peint un à peu près semblable, que l'on voit au Musée du Louvre et provenant de l'ancienne collection du Roi. Dans la galerie Ambroisienne, le portrait d'une duchesse; et celui d'un docteur dans l'église *delle Gracie* à la chapelle du Rosaire.

Dans la galerie du duc de Florence, une Vierge de moyenne grandeur et la chute de Phaëton. Dans celle du duc de Parme, un Saint Jean.

Dans l'ancienne galerie du duc d'Orléans, deux portraits de femme, et *la Colombina*, demi-figure de femme tenant un bouquet de jasmin.

Le Musée de France possède huit morceaux de la main de Léonard: le portrait de Charles VIII, roi de France; celui d'une femme inconnue et présumé celui de Lucrèce Crivelli; le fameux portrait de *Joconde*, que nous avons déjà cité; Saint Jean-Baptiste, demi-figure; la Vierge assise sur les genoux de Sainte Anne; l'Enfant Jésus assis, soutenu par un Ange et donnant sa bénédiction à Saint Jean, qui lui est présenté par la Vierge; l'Archange Saint Michel présentant la balance à l'Enfant Jésus; Jésus assis sur un coussin, accompagné de sa mère et de Saint Jean-Baptiste.

Léonard de Vinci a fait beaucoup de dessins, et surtout un grand nombre de caricatures très-bizarres et très-variées. Il en existe un recueil gravé en soixante-deux feuilles.

TABLE DES PLANCHES

DE L'ŒUVRE

DE LÉONARD DE VINCI.

PLANCHES I et II. LA CÈNE, peinte sur le mur dans le réfectoire des Dominicains de la ville de Milan. Graveur, *Thouvenet.*

PL. III. LA VIERGE ASSISE SUR LES GENOUX DE SAINTE ANNE. Tableau du Musée de France. Grav., *Giovacchino Cantini.*

PL. IV. LA VIERGE, L'ENFANT JÉSUS ET SAINT MICHEL. Tableau du Musée.

PL. V. L'ENFANT JÉSUS DONNE LA BÉNÉDICTION AU PETIT SAINT JEAN. Du Musée. Grav., *Auguste Desnoyers.*

PL. VI. 1. LA MADELEINE. Grav., *Ant. Riccianig.*

2. HÉRODIADE. Grav., *Johannes Volpato.*

PL. VII. 1. LA MODESTIE ET LA VANITÉ. Grav., *Troyen.*

2. LES QUATRE ÉVANGÉLISTES. Grav., *gio batta Leonelli.*

PL. VIII. 1. PORTRAIT DE MONA LISA, femme de Francesco del Giocondo, gentilhomme florentin. Du Musée. Grav., *Massard.*

2. PORTRAIT D'UNE FEMME INCONNUE, et présumé celui de Lucrèce Crivelli. Du Musée. Grav., *Lacroix.*

FIN DE LA TABLE.

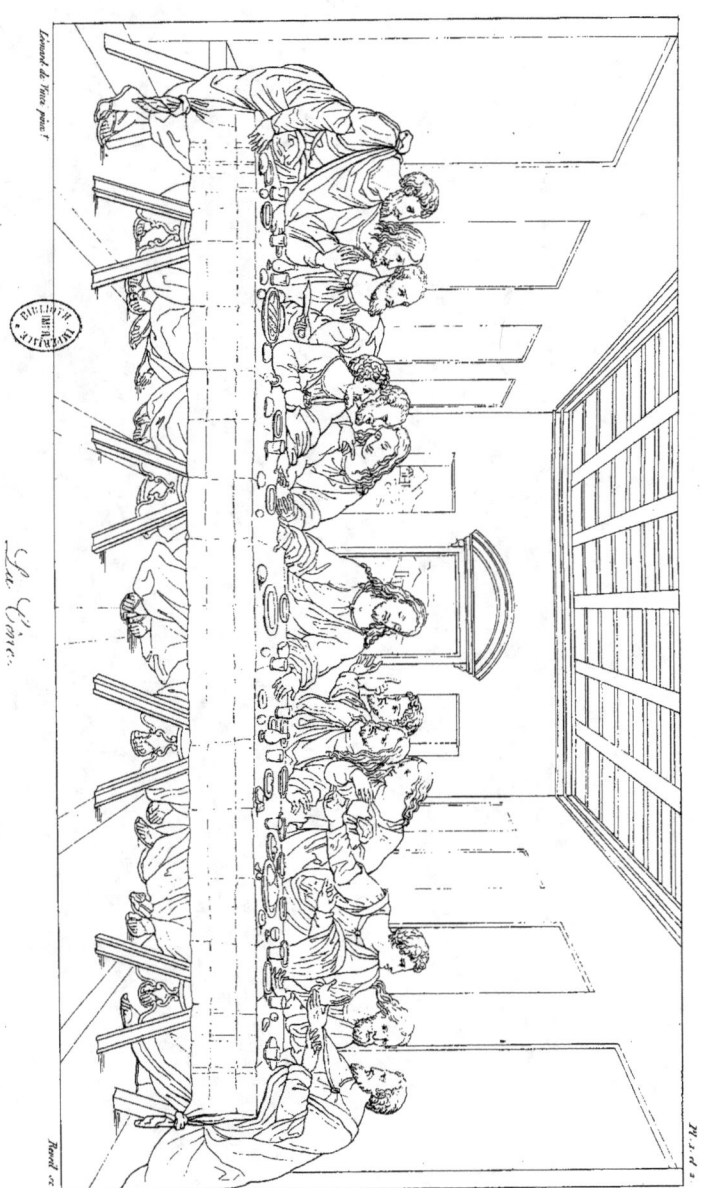

Leonard de Vinci pinx.

La Cène.

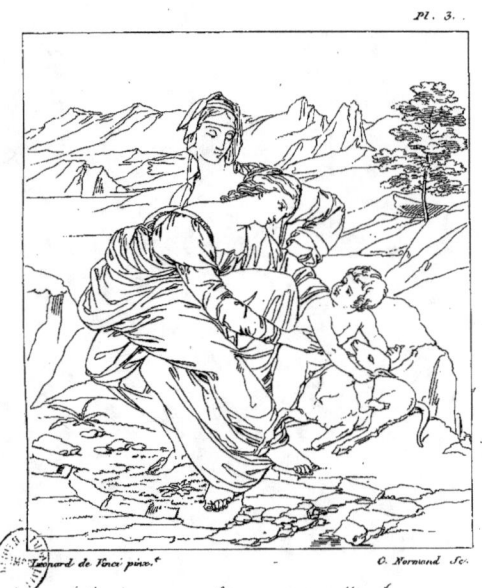

La Vierge sur les genoux de S.te Anne.

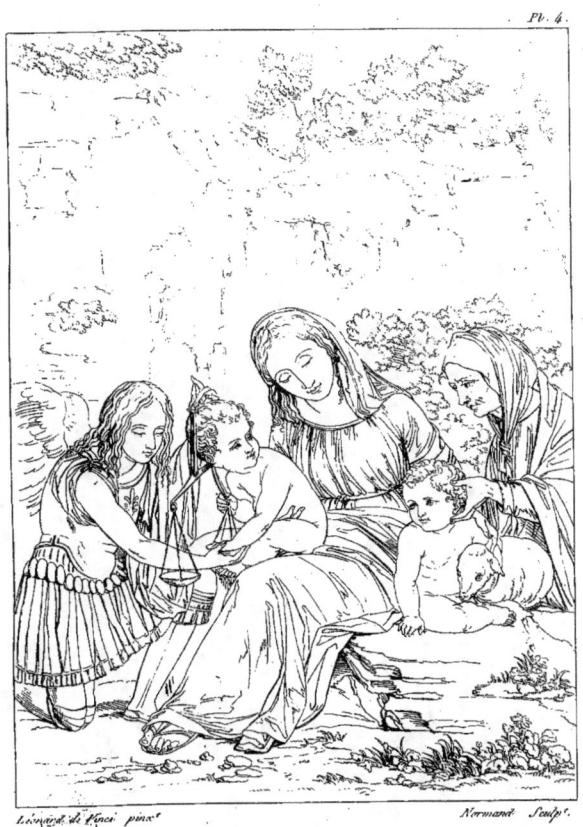

Pl. 4.

Léonard de Vinci pinx.t Normand Sculp.t

La Vierge, l'Enfant Jésus et S.t Michel.

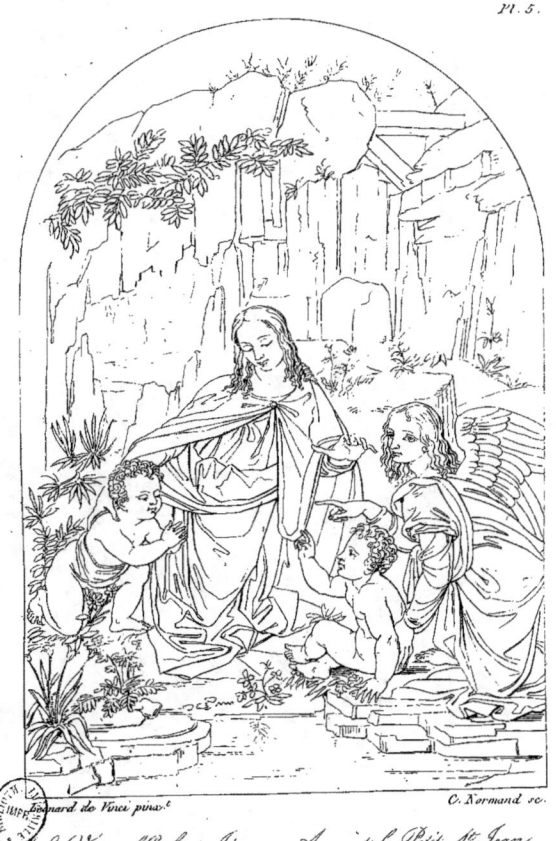

Léonard de Vinci pinx.t   C. Normand sc.
La Vierge, l'Enfant Jésus, son Ange et le Petit St Jean.

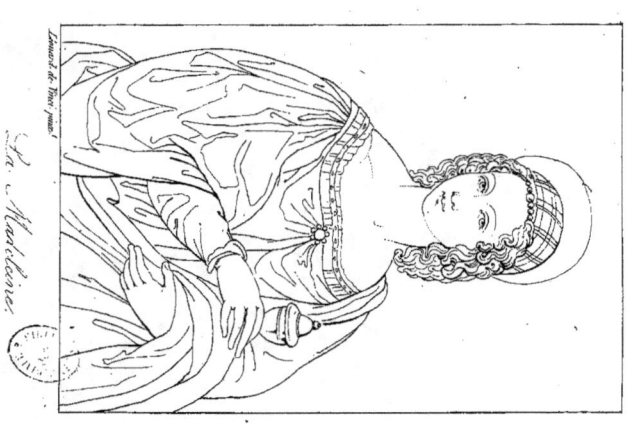

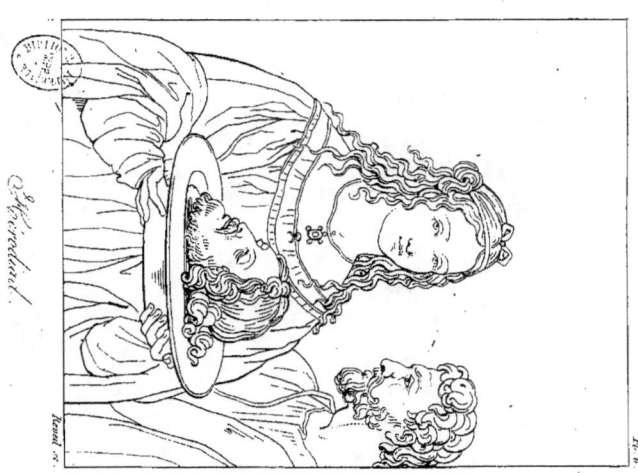

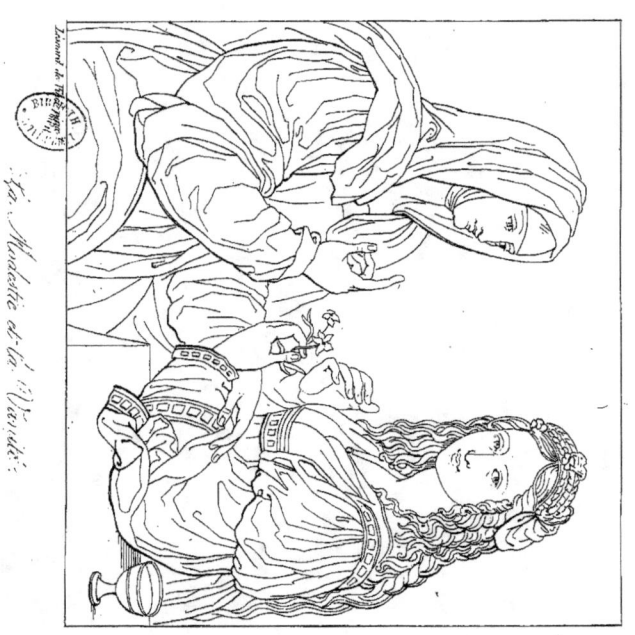

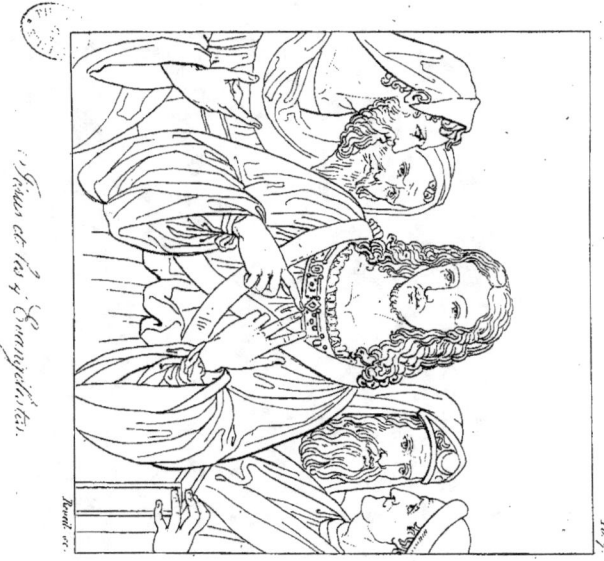

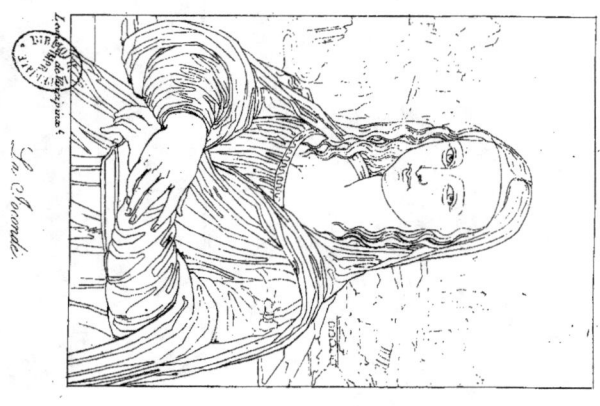

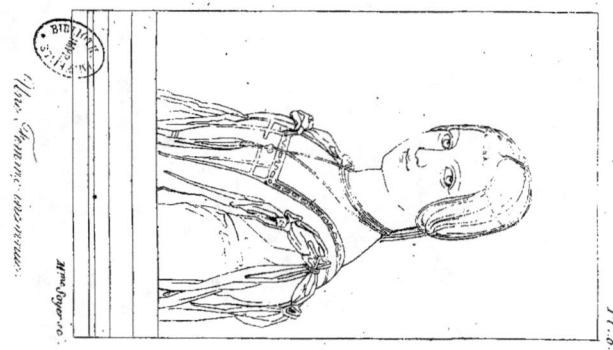

VIE

ET CHOIX DE L'OEUVRE

DU TITIEN.

VIE
DU TITIEN.

Si l'estime et la protection des personnages distingués par le rang et la naissance ajoutent encore à l'honneur que les artistes acquièrent par leurs talens, on peut dire que le Titien a obtenu tout ce qui pouvait relever l'éclat de son mérite et de sa réputation. Il n'y eut aucun pays, aucun souverain dont il ne reçût des marques particulières de bienveillance; et il eut de plus l'avantage précieux de compter parmi ses amis les savans et les hommes de lettres les plus illustres de son tems.

Titien Vecelli naquit, en 1477, à Cador, dans le Frioul, d'une famille assez distinguée. Il étudia d'abord les belles-lettres; et, témoignant ensuite une vive inclination pour la peinture, il fut envoyé à Venise, dans l'école de Gentil Bellin, et ensuite dans celle de Jean Bellin, son frère. C'est là qu'ayant connu le Giorgion, il réforma son goût sur la manière de celui-ci, qu'il trouvait préférable à celle de leur maître commun. Le Giorgion en conçut de la jalousie, et dès-lors, ils cessèrent de se voir.

Le Titien fut appelé à Vicence, où il peignit sous la loge le Jugement de Salomon; il représenta ensuite à Padoue, dans l'église de Saint-Antoine, quelques traits de la vie de ce Saint. Ces morceaux commencèrent sa réputation, et le Sénat le choisit à son retour pour achever dans la grande salle du conseil les peintures que Jean Bellin en mourant avait laissées imparfaites. Le Titien les termina, et y plaça avec tant de succès les portraits de plusieurs nobles, que le Sénat lui donna un office de 300 écus de revenu.

Le Titien fut appelé successivement à Ferrare, où il peignit les principales personnes de la cour, et entre autres l'Arioste qui le célébra dans ses vers; à Parme, où il empêcha que l'on n'abattît la coupole peinte par le Corrége; à Bologne, où il fit le portrait de Charles V; à Mantoue et à Rome. Dans cette dernière ville, il fut logé au palais du Belvédère, par ordre du pape Paul III, et reçut la visite de Michel-Ange. Le Titien résista aux offres avantageuses du souverain pontife qui voulait le fixer près de lui, et revint à Pavie où sont ses plus vastes et ses plus nombreux ouvrages.

Appelé en Espagne par Charles V, qui s'était déjà fait peindre deux fois par le Titien, ce grand artiste y peignit la famille de l'empereur (1), qui l'envoya ensuite à Inspruck faire le portrait du roi des romains et celui de son épouse. Après cinq années de séjour en Allemagne, il peignit, à son retour à Venise, plusieurs tableaux bien différens de ses premiers ouvrages. Ces tableaux paraissaient heurtés, et ne faisaient leur effet que de loin, au lieu que les premiers, faits d'après nature et dans la force de l'âge, étaient d'un tel fini, qu'ils pouvaient être regardés de près; néanmoins les derniers n'en étaient pas moins recommandables. Le grand travail du pinceau était caché par quelques touches hardies que le peintre avait soin de répandre dans certains endroits pour donner à l'effet général plus de nerf et de vivacité.

L'Arétin, avec qui il était intimement lié, avait contribué par son crédit à le faire connaître à la cour des plus grands princes. Outre les personnages illustres déjà nommés, la plupart des souverains de l'Europe voulurent être peints par le Titien. Il a fait les portraits du Pape, de François Ier., roi de France, de Soliman II, empereur des turcs, des ducs d'Urbin et de Mantoue, de plusieurs doges, princes et cardinaux.

Les tableaux du Titien sont répandus dans toute l'Europe, et surtout dans l'Italie. Son œuvre gravé est de plus de 600 pièces. Il n'est pas étonnant que ce peintre ait produit un aussi grand nombre d'ouvrages; il vécut jusqu'à 99 ans, sans infirmités, et travailla jusque dans l'extrême vieillesse. Il mourut à Venise, pendant la peste en 1576. Son corps fut

---

(1) Ce fut en travaillant au portrait de Charles V qu'un pinceau lui tomba de la main; l'empereur l'ayant ramassé, le Titien se prosterna aussitôt pour le recevoir, en disant: *non merito cotanto onore, un servo suo;* à quoi le Prince répartit: *è degno Titiano esser servito da Cesare.*

placé à l'église *Dei Frari*, dans un tombeau d'un assez beau dessin. Le Titien avait amassé une fortune considérable et vivait splendidement. Il conserva toujours la vivacité de son imagination et l'enjouement de son caractère. Ses derniers ouvrages sont faibles : telle est la cause de l'inégalité que l'on remarque dans ses productions.

Le Titien est regardé comme le premier des coloristes. La plupart de ses tableaux conservent encore, depuis trois siècles, la vivacité des teintes et la transparence des ombres. Ce peintre n'est pas mis au rang des grands dessinateurs ; mais on doit convenir que s'il ne s'est pas élevé jusqu'au beau idéal, il a du moins saisi, dans ses contours, cette imitation fidèle de la nature qui constitue le mérite fondamental de l'art. Lorsque ses modèles ne lui offraient que des formes communes, il sut rarement les ennoblir ; mais il a pris sans effort un plus grand style lorsque la nature s'est présentée à ses yeux sous un plus noble aspect. Son fameux tableau de Saint Pierre le martyr, qui dans l'origine ornait l'église de St.-Pierre et St.-Paul à Ferrare, et que l'on a vu quelque temps au Musée du Louvre, suffirait pour démontrer que le Titien joignit quelquefois à un dessin fier et savant la force et la grandeur de l'expression. Il a trop négligé de se conformer au costume, et semble ne tenir aucun compte des convenances historiques ; mais il est inimitable dans le coloris, surtout dans les carnations des femmes et des enfans ; et il peut être cité pour modèle dans cette partie du clair-obscur qui augmente la force du relief, non-seulement par la combinaison des lumières, des ombres et des reflets, mais encore par le ton local des draperies.

Le Titien fut encore un grand paysagiste, et il a surtout excellé dans les portraits. Ceux qu'il a peints sont admirables pour la justesse des traits et de la physionomie : on croit reconnaître le caractère, le tempérament, et en quelque sorte les inclinations des personnes qu'ils représentent. Sous ce rapport, on ne peut comparer aux portraits du Titien que ceux de Van Dyck. Mais si ce dernier a plus de variété dans les teintes, plus de finesse dans le ton, le Titien a plus de vigueur dans le coloris et plus de naïveté d'expression. Ce peintre eut un grand nombre d'élèves, entre autres, Horace Vecelli, son frère, qui avait beaucoup de talent, et qui abandonna la peinture pour s'adonner au commerce ; François Vecelli, son fils, qui fit des tableaux d'histoire et des portraits dignes du Titien ; Marc Vecelli, son neveu, etc.

Ses principaux tableaux sont à Venise, où l'on compte vingt sujets capitaux dans les églises et au palais Saint-Marc; à Rome, trente tableaux dans le palais Borghèse, et douze au palais Ludovisi; deux à Naples, quatre à Ferrare, deux à Urbin; au dôme de Vérone une Assomption de la Vierge et les Apôtres; à Brescia, dans plusieurs églises et dans le palais public, douze morceaux, dont les sujets sont tirés soit de l'histoire sainte, soit de la mythologie; à Trévise, une Annonciation; environ quinze tableaux à Milan, dans l'église de Sainte-Marie, dans la galerie de l'archevêché, et dans la galerie ambroisienne.

Chez le duc de Parme, plusieurs portraits et une Danaë; chez le Grand-Duc, sept portraits; plusieurs sujets de sainteté et deux Bacchanales dans la galerie du duc de Modène; cinq sujets d'histoire sainte.

Dans la collection de l'électeur Palatin, à Dusseldorf, un Ecce homo et huit autres tableaux de piété. Le Roi d'Espagne avait dans son palais six tableaux du Titien, représentant des sujets mythologiques, et trois portraits de la maison d'Autriche; à l'Escurial, plus de quarante tableaux ou portraits de la plus belle manière du maître. Le Roi de Portugal en possédait trois : une Adoration des Mages, une Flagellation, et un Crucifiement. Ce dernier a passé à Ancône chez les Jacobins.

On voyait dans l'ancienne galerie du Palais-Royal environ trente tableaux du Titien, la plupart des portraits. Cette collection a passé en Angleterre.

Le Musée du Louvre a conservé vingt-un tableaux du Titien, parmi lesquels il y a dix portraits de personnages illustres. Les sujets historiques sont : le Christ au roseau, le Christ entre un soldat et un bourreau, le Christ porté au tombeau, les Pélerins d'Emmaüs, la Vierge et l'Enfant Jésus accompagnés de plusieurs Saints, des Anges adorant l'Enfant Jésus, la Vierge dite au *lapin*, Sainte Agnès, Saint Jérôme dans sa grotte, la première session du Concile de Trente, en 1545; Jupiter et Antiope. La plupart de ces morceaux faisaient partie de l'ancien cabinet du Roi.

Les principaux graveurs qui se sont exercés d'après les tableaux du Titien, sont Léon Daven, Martin Rota, Corneille Cort, Augustin Carache, Sinderhof, Van Kessel, Vosterman, Troyen, les Sadeler, Théodore de Bry, Caraglius, Bonasone, Matham, C. Bloëmart, P. Pontius, Karle Audran, Hondius, Soutman, Rousselet, Pierre Dejode, Masson et Coëlemans.

TABLE DES PLANCHES

DE

L'OEUVRE DU TITIEN.

Planche I. La Vierge, l'Enfant Jésus et deux Anges. Tableau de l'ancienne collection du Roi de France ; maintenant placé au Musée du Louvre. *Coypel excud.*

Pl. II. La Sainte Famille, dite *la Vierge au lapin*. Tableau du Musée, provenant de l'ancienne collection. Grav. *inconnu.*

Pl. III. Le Christ couronné d'épines. Tableau provenant des États Vénitiens. Grav., *Lefévre.*

Pl. IV. Le Christ porté au tombeau. De l'ancienne collection; maintenant au Musée. Ce tableau fut vendu au Roi par M. de Jabach, qui l'avait acheté en Angleterre. Il avait appartenu autrefois au duc de Mantoue. Grav., *AEgid. Rousselet.*

Pl. V. Les Pélerins d'Emmaus. Tableau du Musée. Il avait appartenu au duc de Mantoue ; M. de Jabach l'acheta depuis et le vendit au Roi. Suivant une espèce de tradition, on croit que le pélerin placé à la droite du Sauveur représente Charles-Quint, le page Philippe II ; et que le cardinal Ximénès est sous la figure de l'autre pélerin. Grav., *Chauveau.*

Pl. VI. L'Assomption de la Vierge. Ce tableau fut peint pour une des chapelles de la cathédrale de Vérone.

Pl. VII. Le Martyre de Saint Pierre dominicain. Ce tableau, chef-d'œuvre du maître, a été peint pour l'église de Saint-Jean et Saint-Paul, à Ferrare. Grav. *inconnu.*

Pl. VIII. Le Martyre de Saint Laurent, peint pour l'église des Jésuites, à Venise. Grav. *inconnu.*

Pl. IX. La Vierge, l'Enfant Jésus, Saint Jean et Sainte Agnès. De l'ancienne collection ; placé au Musée.

Pl. X. La Vierge et l'Enfant Jésus, accompagnés de Saint Étienne, Saint Ambroise et Saint Maurice. Tableau du Musée, provenant de l'ancienne collection.

Pl. XI. Saint Jérôme dans le désert. Tableau de l'ancienne collection, présentement au Musée. Grav. *inconnu.*

Pl. XII. La Religion, par l'invocation de Saint Marc, patron de Venise, apparait dans toute sa gloire au doge Antonio Grimani.

Pl. XIII. Le portrait du Titien et de sa maîtresse. De l'ancienne collection ; placé au Musée. Grav., *Henricus Danckeri.*

Nota. Cinq des principaux morceaux indiqués dans cette table, planches III, VI, VII, VIII et XII, ayant été apportés en France à l'époque des conquêtes d'Italie, et exposés quelque temps au Musée du Louvre, ont été rendus en 1815 à leur ancienne destination.

FIN DE LA TABLE.

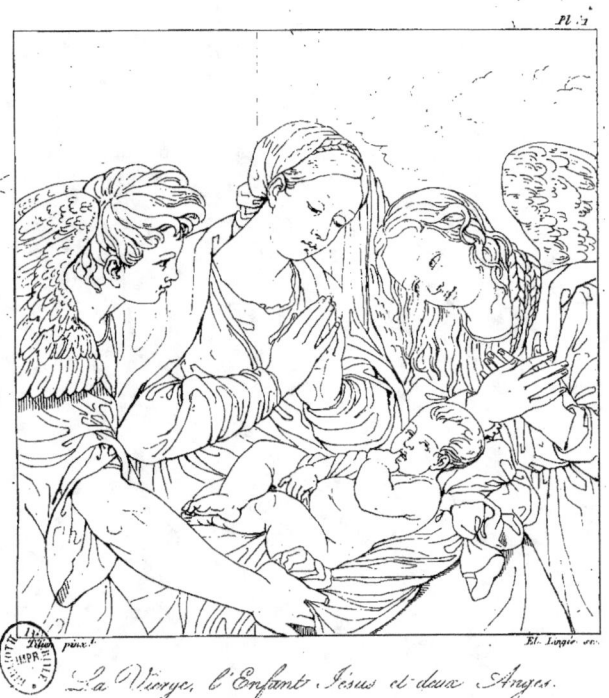

La Vierge, l'Enfant Jésus et deux Anges.

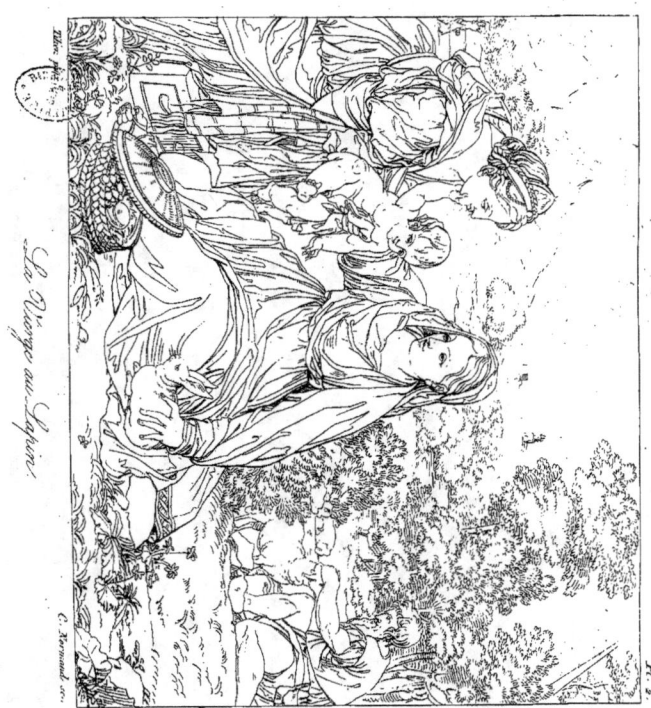

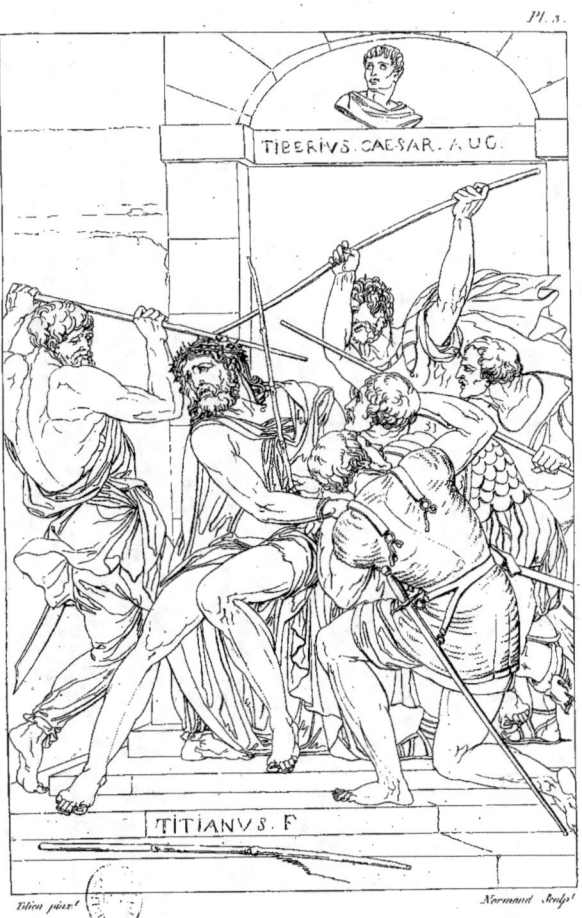

Le Christ couronné d'épines.

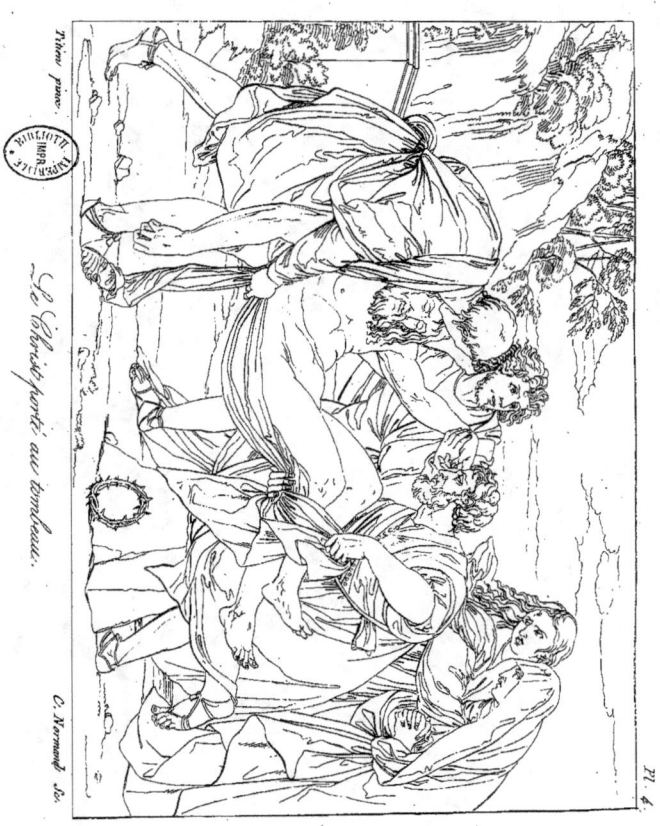

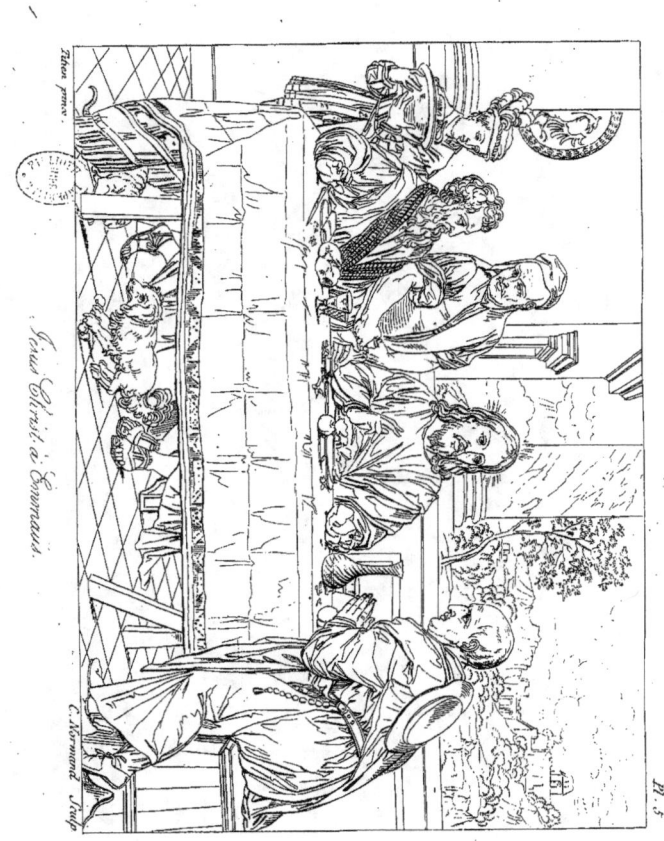

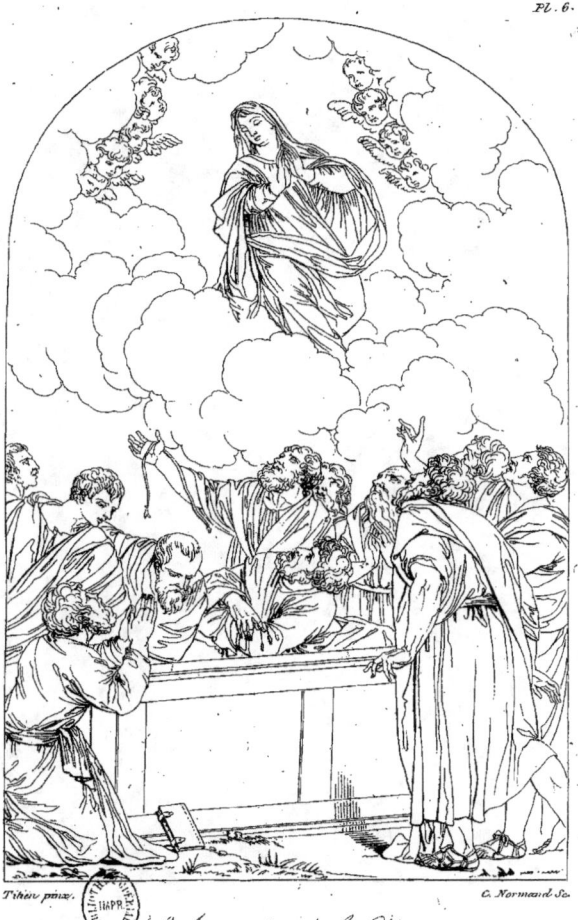

L'Assomption de la Vierge.

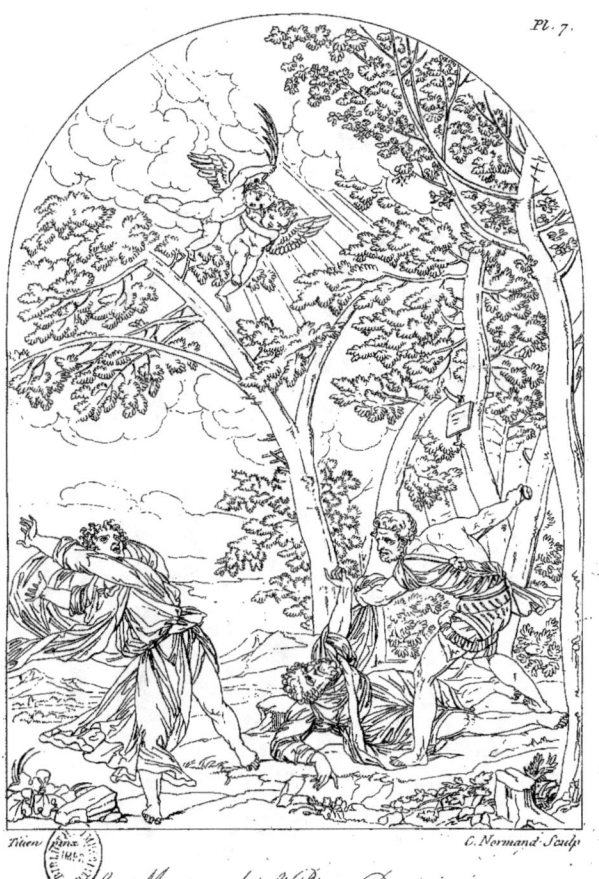

Le Martyre de St Pierre Dominiquin.

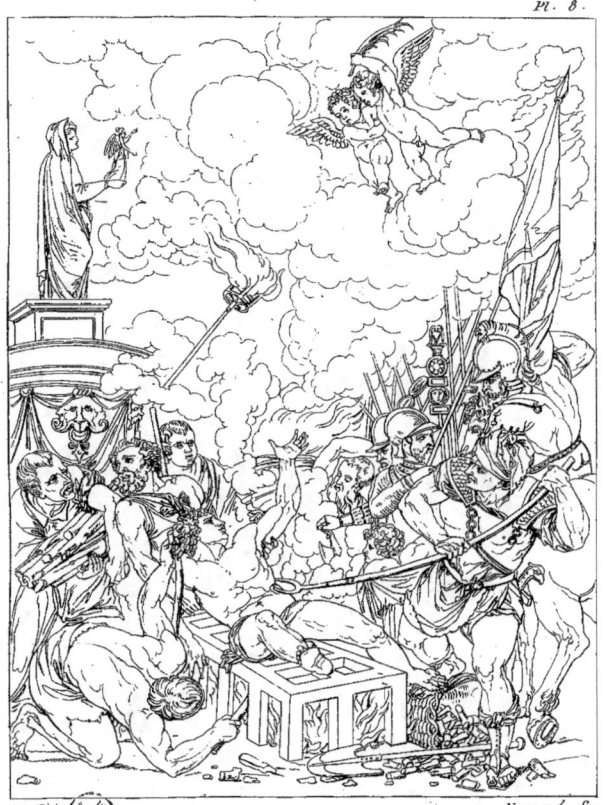

Le Martyre de St. Laurent.

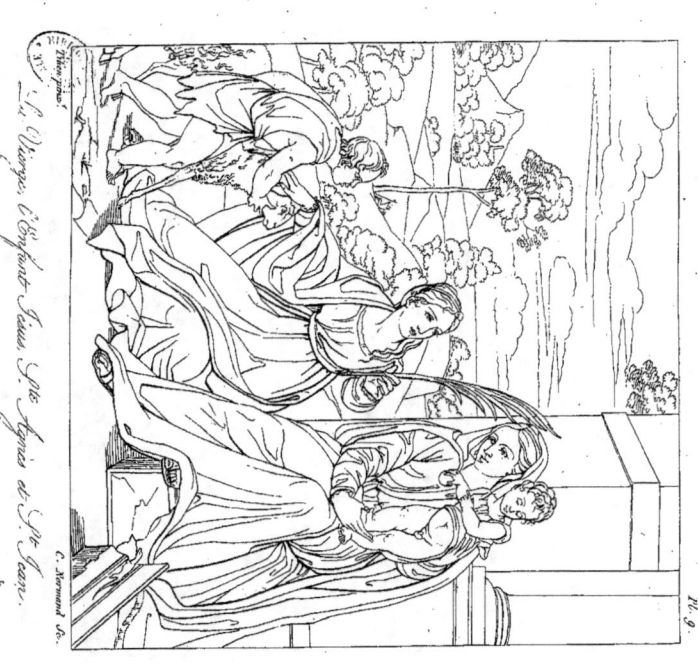

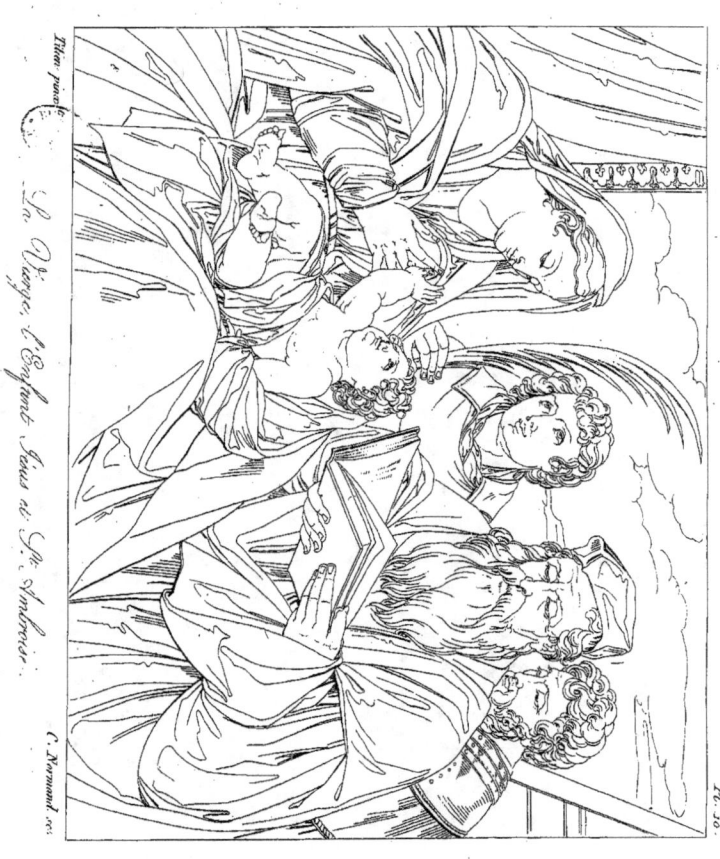

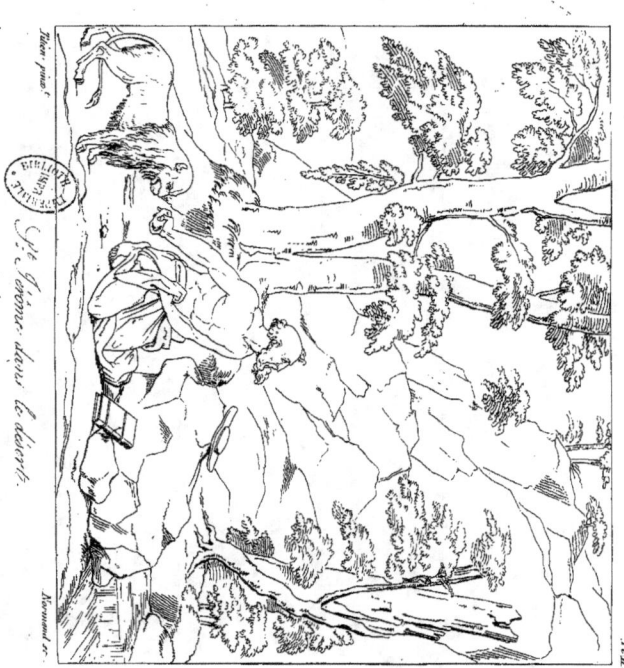

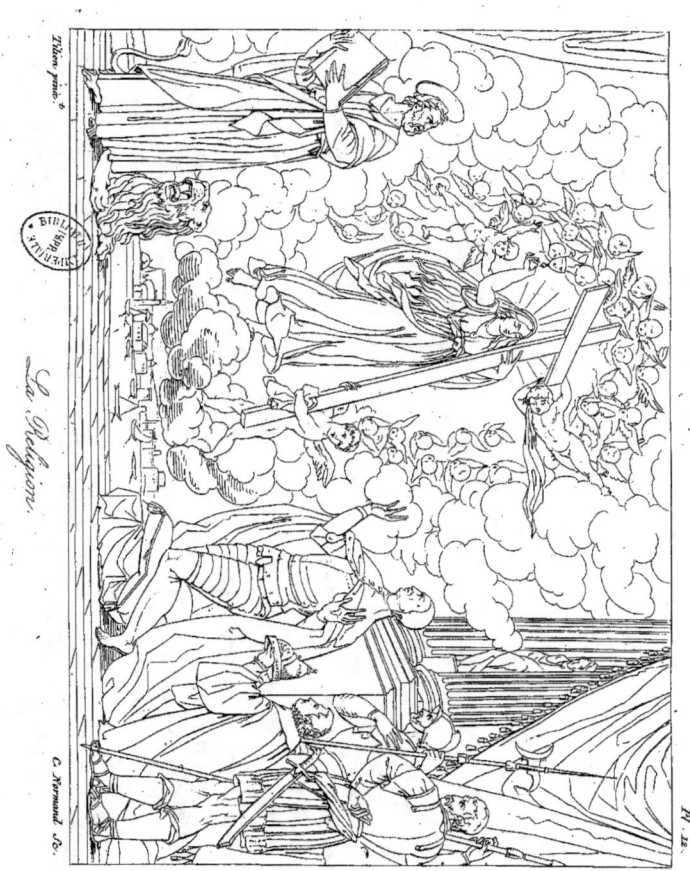

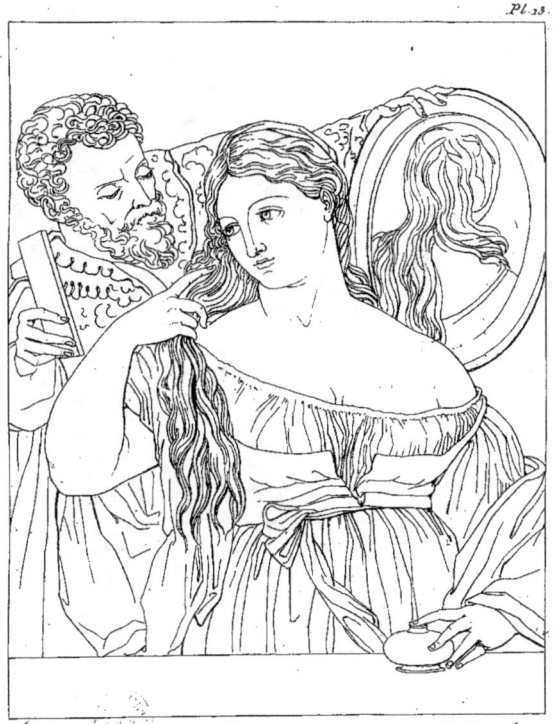

La Maîtresse du Titien.

VIE

ET CHOIX DE L'OEUVRE

DU GUIDE.

VIE
DU GUIDE.

Guido Reni, que nous nommons le Guide, naquit à Bologne en 1575. Son père, bon musicien, voulut l'appliquer au clavecin dès l'âge de neuf ans; mais le jeune Guide, au lieu de jouer de cet instrument, s'occupait à dessiner des figures qui annonçaient les plus heureuses dispositions. Il fut placé chez Denis Calvart, peintre flamand, où ses talens ne tardèrent pas à se développer; mais le maître, profitant des travaux de son élève, vendait ses ouvrages après les avoir un peu retouchés, et ne lui donnait qu'une faible récompense. Mécontent de ce procédé, et voyant combien la pratique sèche et mesquine de Denis Calvart était en opposition avec la manière large, savante et sublime des Caraches, qui avaient fondé une école dans la même ville, le Guide obtint la faveur d'y être admis, et n'eut pas de peine à gagner l'affection de ses maîtres, surtout celle de Louis, chef de cette école célèbre; car on prétend qu'Annibal se montra jaloux de son mérite naissant, et chercha même à le détourner de ses études, en disant qu'il en savait trop pour avoir besoin de leçons. Cependant ce fut Annibal qui lui conseilla, dans la suite, de quitter la manière du Caravage, qu'il avait d'abord adoptée, pour en prendre une plus agréable; elle lui valut la célébrité dont il jouit dans les plus belles années de sa vie.

Des traits d'une douceur et d'une régularité séduisantes, des manières affables, une physionomie heureuse annonçaient la bonté de son caractère; il était si beau et si bien fait, que Louis le prenait pour modèle lorsqu'il peignait des anges. Cependant ce maître, si complaisant pour ses autres disciples, cessa bientôt de l'être pour le Guide, et lui donna quelques sujets de mécontentement qui l'obligèrent de sortir de son école : ce fut alors qu'il se hasarda à travailler en concurrence avec Louis, et qu'il lui fut même préféré dans plusieurs ouvrages publics. La pratique de la peinture à fresque ajouta encore à ses talens et à sa réputation.

Désirant voir non-seulement les chefs-d'œuvre en peinture de la ville de Rome, mais encore les admirables travaux qu'Annibal Carache exécutait alors dans la galerie Farnèse, le Guide, émule et ami de l'Albane, entreprit avec lui ce voyage. Ils arrivèrent ensemble à Rome, où Josépin, qui était en grande réputation, accueillit le Guide comme un homme qui pouvait servir la haine qu'il portait au Caravage. En effet, il lui opposa ce jeune artiste dont la nouvelle manière fit sentir le vice de celle du Caravage.

Le Guide débuta dans Rome par quelques tableaux qu'il peignit pour l'église de Sainte-Cécile, et qui furent bien accueillis ; mais, malgré ce succès, il n'aurait jamais obtenu le tableau du crucifiement de Saint Pierre, que le cardinal Borghèse faisait faire pour l'église de Saint-Paul aux Trois Fontaines, si Josépin, qui le présentait, n'eût promis que le tableau serait peint dans le goût du Caravage, et qu'il serait suivi si exactement qu'on ne s'apercevrait pas du changement de main. Le Guide tint parole; mais en se soumettant, pour les effets du clair-obscur, à la méthode qu'on lui prescrivait, il fit voir une élévation d'idées, un goût de dessin et une noblesse d'ordonnance que l'on eût cherchés en vain dans toutes les productions du Caravage. Ce dernier se montra tellement irrité des succès de son rival, que, non content de le discréditer par ses discours, il poussa le ressentiment jusqu'à des menaces que la douceur et la modération de celui-ci rendirent inutiles. Le cardinal Borghèse continua de l'honorer de sa protection, et le laissa maître de travailler suivant son goût dans l'admirable tableau qu'il lui fit peindre à Saint-Grégoire, en concurrence avec le Dominiquin. Tous deux formés à la même école, se mesuraient avec des armes égales : le Guide sembla sortir vainqueur de cette lutte; cependant il n'eut pas le suffrage d'Annibal Carache; et l'on peut attribuer cette sévérité à un sentiment de jalousie. En effet, Annibal, qui toute sa vie fut l'ennemi du Guide et ne cessa pas un moment de le redouter, avait su mauvais gré à l'Albane de l'avoir amené à Rome, et ne se montra jamais disposé en sa faveur. La rivalité ne tarda pas à désunir le Guide et l'Albane; ce dernier, voyant qu'il ne serait employé qu'en second et en sous-ordre dans les peintures de la chapelle secrète du Pape, au palais de Monte-Cavallo, sur laquelle il avait des vues et dont il comptait au moins partager le travail, en fut très-offensé, et les deux amis se séparèrent pour ne plus se revoir. Le Guide, demeuré seul, fit en moins de sept mois tous les travaux de la chapelle; mais quelques mortifications qu'il essuya de la part du trésorier de Sa Sainteté, l'empêchèrent de profiter plus long-tems de l'affection que lui témoignait le Souverain Pontife, et il retourna subitement à Bologne.

A peine fut-il arrivé, qu'il obtint le tableau du Massacre des Innocens qu'il peignit pour l'église de Saint-Dominique, et celui de l'Apothéose de ce Saint, dans une tribune. Ces ouvrages, qu'il avait enlevés à Louis Carache, mirent le comble à sa réputation.

Le Pape, fâché du départ du Guide, manda au cardinal-légat de Bologne de le faire venir promptement à Rome. Il ne fallut pas moins qu'une sorte de négociation et des propositions très-avantageuses pour l'y résoudre. La plupart des cardinaux, à son arrivée à Rome, envoyèrent leurs carrosses au-devant de lui jusqu'au *Ponte Mole*, suivant l'usage observé à l'entrée des ambassadeurs. Le Pape le reçut avec bonté, et lui assigna un traitement, avec un carrosse à sa disposition. Le Guide se mit à travailler, de compagnie avec Josépin et Civoli, à la chapelle de Sainte-Marie-Majeure. Le Pape vint visiter son ouvrage avec un grand cortège; il le trouva admirable, et le Josépin dit au Saint Père : « Nous autres, nous travaillons comme des hommes; mais le Guide travaille comme un ange. » A peine ces peintures étaient terminées, que, sans attendre les récompenses qui lui étaient promises, le Guide retourna à Bologne avec la même précipitation que la première fois, résolu de n'en plus sortir, et d'y goûter cette douce tranquillité qui faisait toute son ambition. Chéri et estimé de toutes les personnes distinguées par leur naissance, leur goût ou leurs richesses, il se vit bientôt chargé d'un si grand nombre d'ouvrages, qu'il fut obligé d'en refuser la plus grande partie, et ne put accepter les offres avantageuses que lui faisaient de grands princes pour l'attirer auprès de leur personne ; il se contenta de leur témoigner sa reconnaissance par d'excellens tableaux qu'il leur fit parvenir. On vint à bout de le tirer encore une fois de sa retraite et de lui faire faire le voyage de Naples, pour décorer la chapelle du Trésor ; les menaces des peintres napolitains et la crainte du poison le firent pourtant quitter cette ville, et il alla pour la troisième fois à Rome. Chargé par la fabrique de Saint-Pierre d'y peindre l'Histoire d'Attila, il reçut 500 écus d'arrhes et eut le malheur de les perdre au jeu. Ne voyant aucune espérance de recevoir de l'argent de long-tems, il emprunta une pareille somme qu'il rendit à la fabrique, effaça un groupe d'anges qu'il avait commencé à peindre, et s'enfuit à Bologne dans l'appréhension d'être poursuivi.

La funeste passion du jeu empoisonna la fin d'une carrière commencée sous d'aussi glorieux auspices. Le Guide perdit des sommes considérables, et la misère affaiblit son talent ; il se vit enfin abandonné de tous ses amis ; et cet homme, qui avait long-tems dédaigné de mettre un prix à ses chefs-d'œuvre, fut réduit, dans sa vieillesse, à travailler à vil prix, vit même ses derniers ouvrages méprisés, et mourut en 1642, à l'âge de soixante-sept ans.

Sous le rapport de l'effet, des idées ingénieuses, de l'élégance du dessin et de la grâce du pinceau, le Guide ne le cède à aucun autre peintre. Cet artiste étalait un orgueil singulier dans son atelier, où ses élèves le servaient respectueusement, et se couvrait devant les grands qui venaient le visiter. « Je n'échangerais pas mon pinceau contre la barrette d'un cardinal, » disait-il souvent. Mais dans la société, il était d'une modestie charmante ; et il prouvait ainsi que ce n'était que son art qu'il voulait qu'on honorât dans sa personne. Il vécut dans le célibat et eut toujours des mœurs irréprochables.

Parmi les principaux ouvrages du Guide, on compte plus de cent tableaux, presque tous de grande dimension, dans les églises ou palais de Rome, de Bologne, Plaisance, Naples, Modène, Caprarole, Pérouze, Ravenne, Milan, Lucques, Gênes, l'Escurial en Espagne, Florence, Parme, Modène, Dusseldorf, au cabinet du Roi de France et dans l'ancienne galerie du Palais-Royal. Il y en a également un grand nombre de moins considérables répandus dans les collections d'amateurs.

On distingue parmi les élèves du Guide, Guido Cagnacci, Sirani, Cantarini dà Pèsaro, Francesco Gessi, Giacomo Sementa, Flaminio Torre, Marescotti, Girolamo Rossi, Rugieri, Canuti, Bolognini et autres. Les principaux graveurs de ce maître sont Greuther, Persyn, Baillu, Rousselet, G. de Gein, C. Bloëmart, C. Wischer, Wosterman, Lombart, Couvay, Daret, Cœsius, Sirano, Pésarèse, Coriolan, Van Kessel, F. Torri Baronius, L. Ciamberlanus, B. Curti, Sauvé, Vermeulen, Picart le Romain, Boulanger, Poilly. Le Guide a gravé lui-même plusieurs pièces à l'eau forte, et son recueil se monte environ à trois cents pièces.

TABLE DES PLANCHES
DE
L'OEUVRE DU GUIDE.

Pl. I. David tenant la tête du géant Goliath. Tableau du Musée royal. Graveur, *Gilles Rousselet.*
Pl. II. La Salutation Angélique. Du Musée royal. Grav., *Ægid. Rousselet.*
Pl. III. La Vierge, l'Enfant Jésus et le petit Saint Jean. Du Musée royal. Grav., *J. Boulanger.*
Pl. IV. Le Repos de la Sainte Famille. Du Musée royal. Graveur *inconnu.*
Pl. V. Le Massacre des Innocens. Grav. *inconnu.*
Pl. VI. La Sainte Famille, accompagnée de plusieurs Anges. Du Musée royal.
Pl. VII. Saint Jean-Baptiste dans le désert. Du Musée royal.
Pl. VIII. La Samaritaine. Du Musée royal. Grav., *Carle Maratte.*
Pl. IX. Jésus-Christ au jardin des Oliviers. Du Musée royal. Grav. *inconnu.*
Pl. X. Jésus-Christ donne les clefs a Saint Pierre. Du Musée royal. Grav. *inconnu.*
Pl. XI. La Madeleine. Du Musée royal.
Pl. XII. Le Christ en croix.
Pl. XIII. Le Crucifiement de Saint Pierre. Grav., *Nicolas Lasman.*
Pl. XIV. La Vierge et l'Enfant Jésus, Saint Thomas et Saint Jérome.
Pl. XV. Saint Sébastien. Du Musée royal.
Pl. XVI. Saint Roch dans sa prison.
Pl. XVII. Saint François a genoux devant un crucifix. Du Musée royal. Grav. *inconnu.*
Pl. XVIII. L'Enlèvement d'Hélène. Du Musée royal. Grav., *L. Desplaces.*
Pl. XIX. Lutte d'Hercule et d'Achélous. Du Musée royal. Grav. *inconnu.*
Pl. XX. L'Enlèvement de Déjanire. Du Musée royal. Grav., *Bervic.*
Pl. XXI. Hercule vainqueur de l'Hydre. Du Musée royal. Grav. *inconnu.*
Pl. XXII. Hercule sur le bucher. Du Musée royal. Grav. *inconnu.*
Pl. XXIII. La Fortune. Grav. *inconnu.*
Pl. XXIV. Allégorie : l'union du Dessin et de la Couleur. Du Musée royal. Grav., *J. F. Ravenet.*

FIN DE LA TABLE.

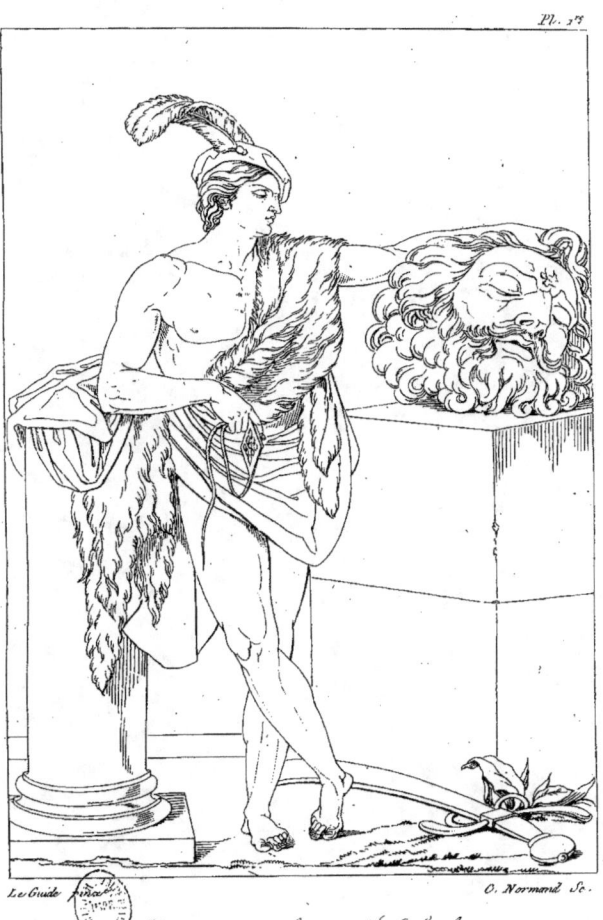

David tenant la tête de Goliath.

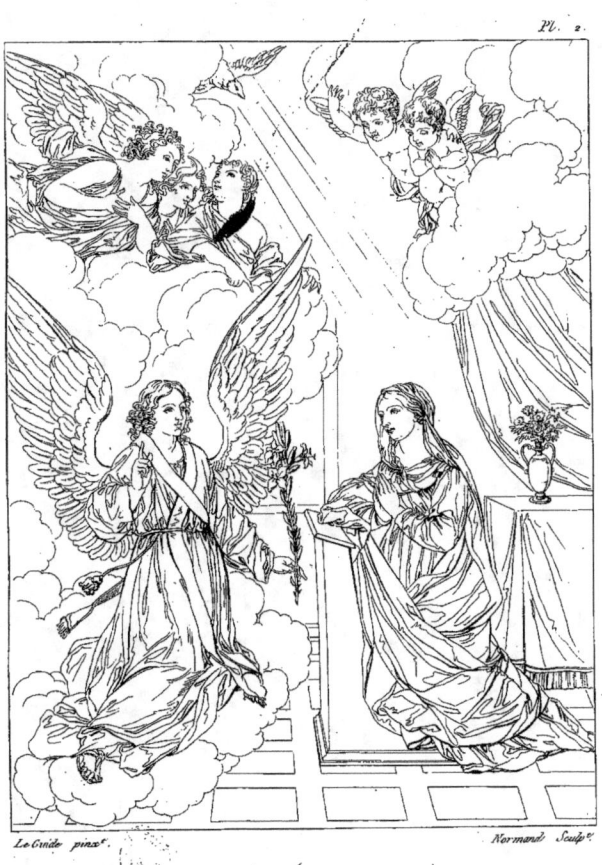

L'Annonciation.

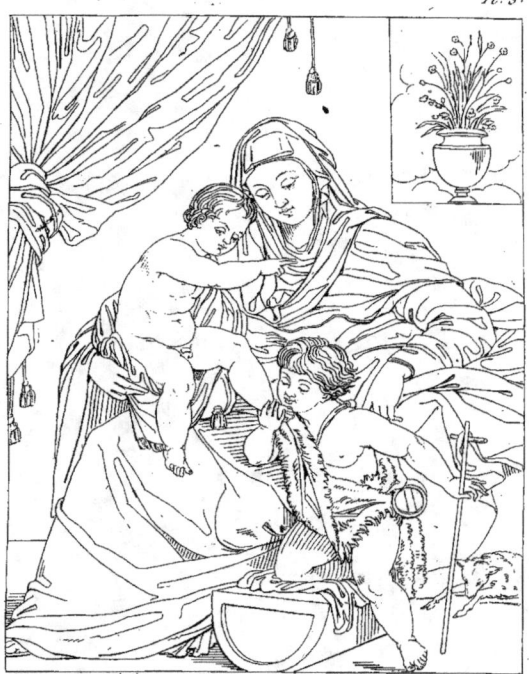

La Sainte Famille.

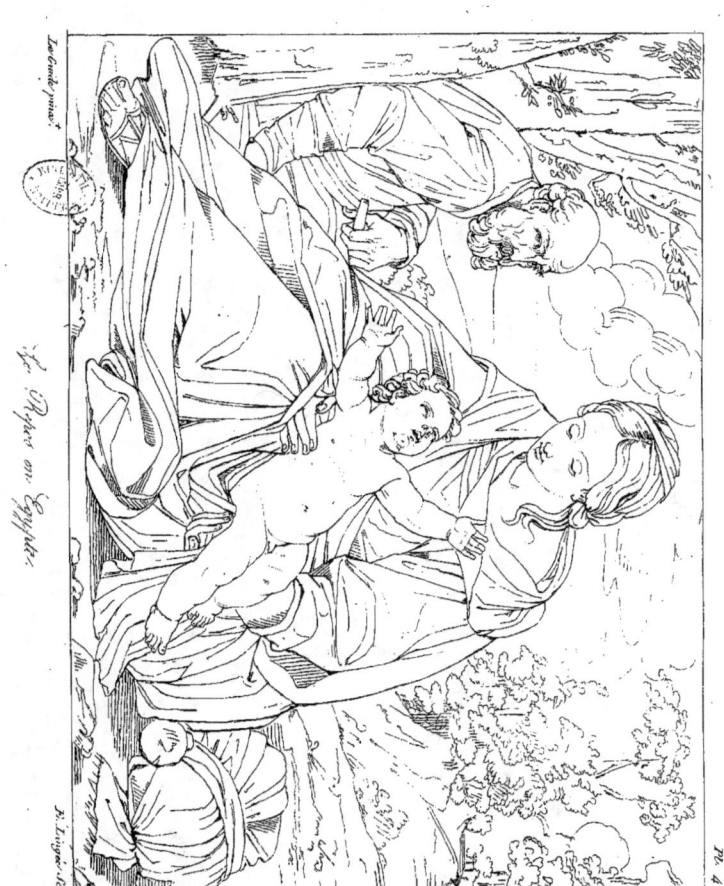

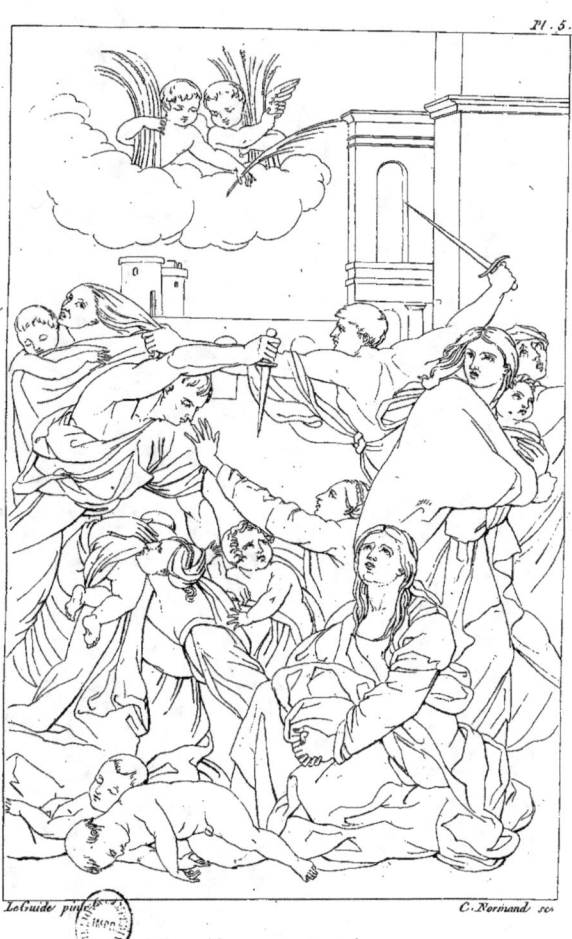

Le Massacre des Innocens.

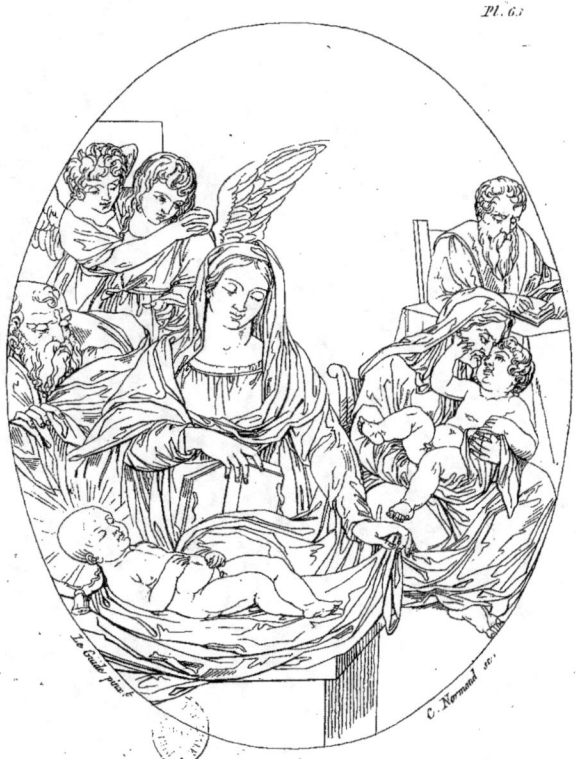

La Sainte Famille.

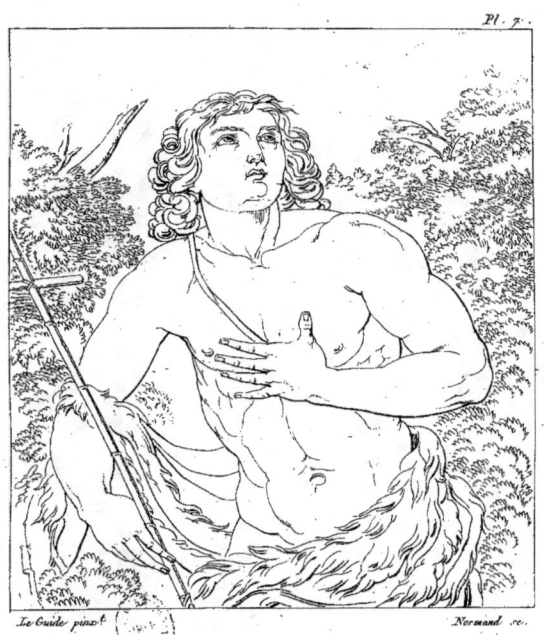

St Jean Baptiste.

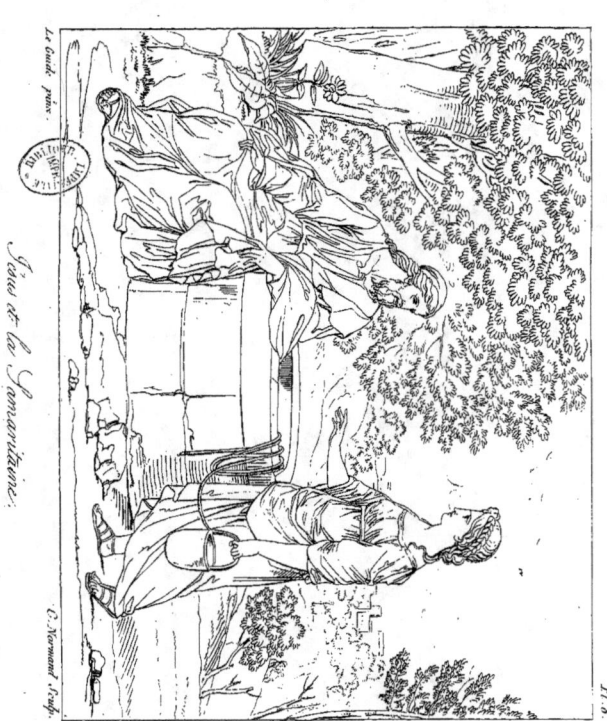

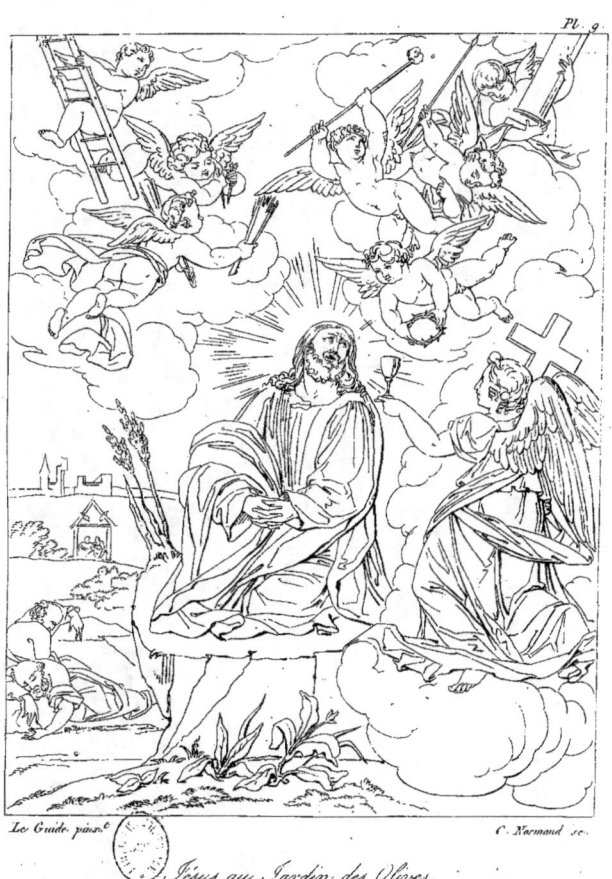

Jésus au Jardin des Oliviers.

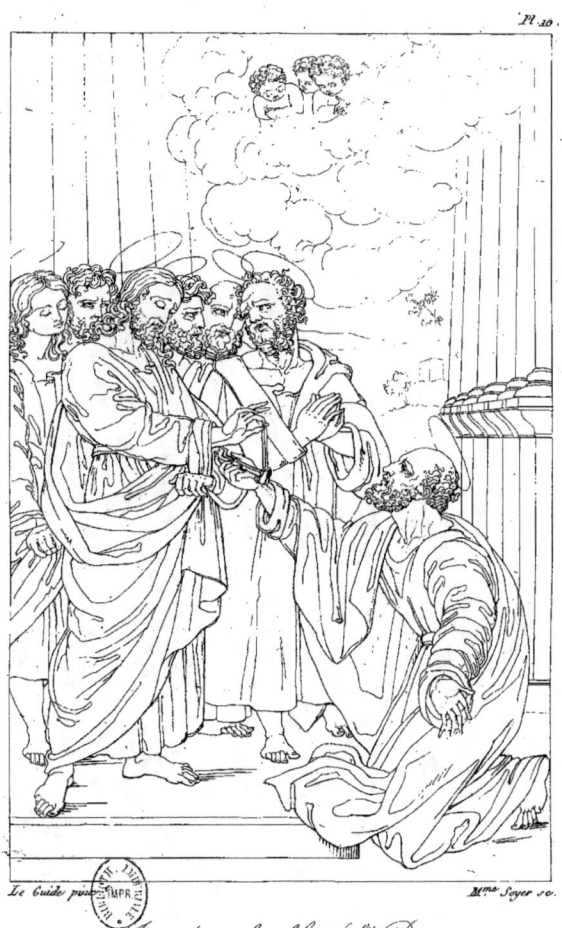

Jésus donne les clefs à St Pierre.

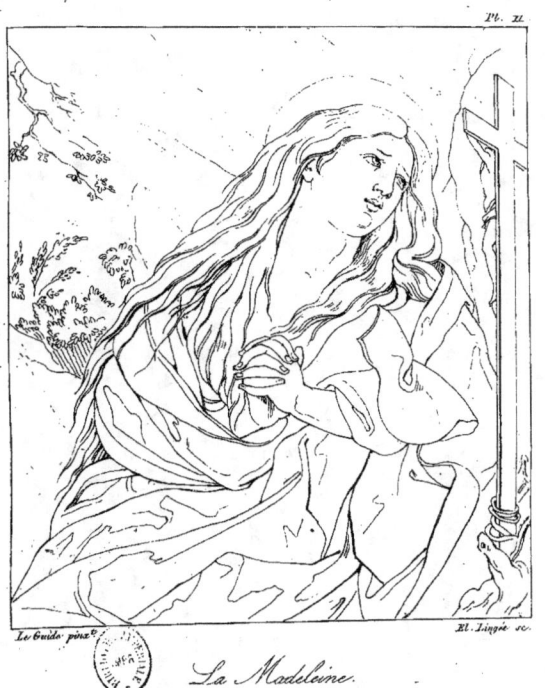

La Madeleine.

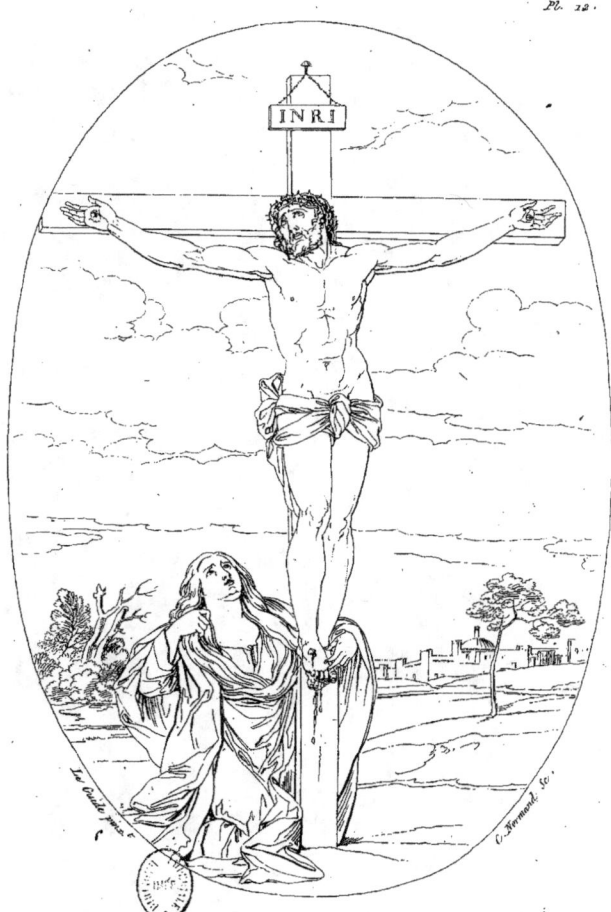

Le Christ en croix et la Madeleine.

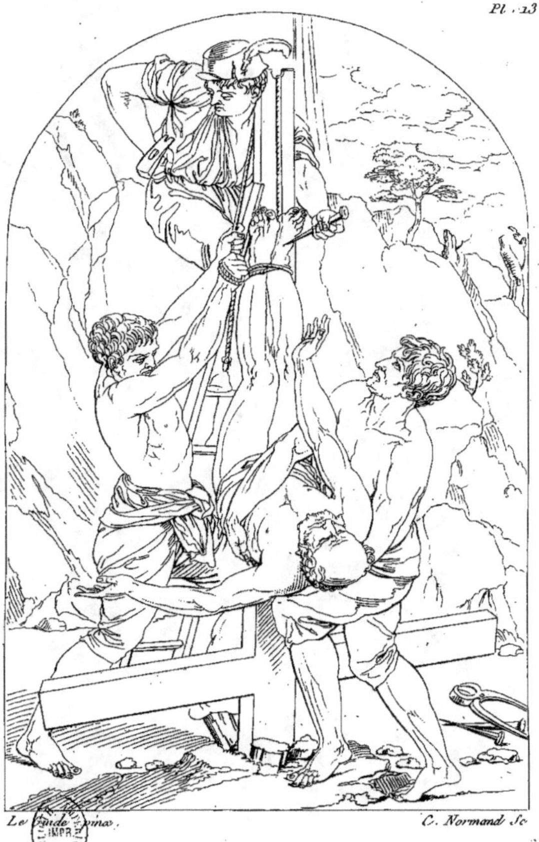

Pl. 23

Le Barde pinx. C. Normand Sc.

Le Martyre de St. Pierre.

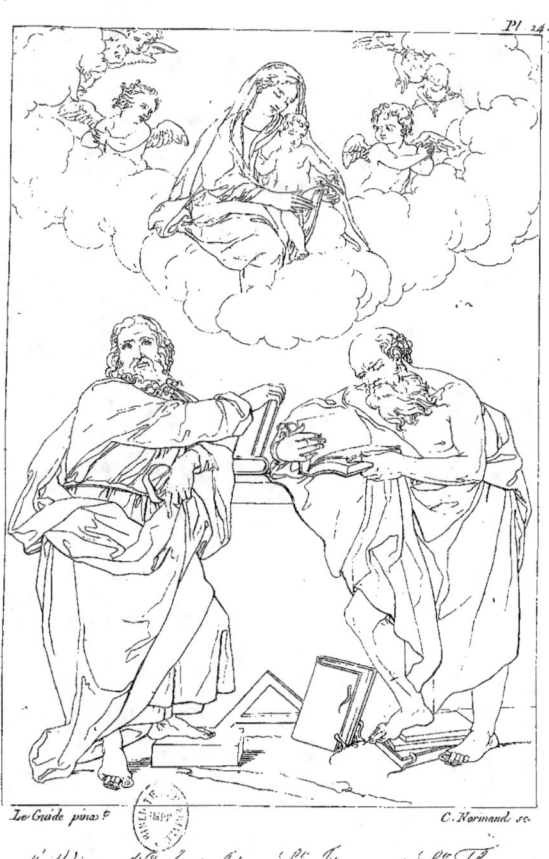

La Vierge, l'Enfant Jésus, St. Jérôme et St. Thomas.

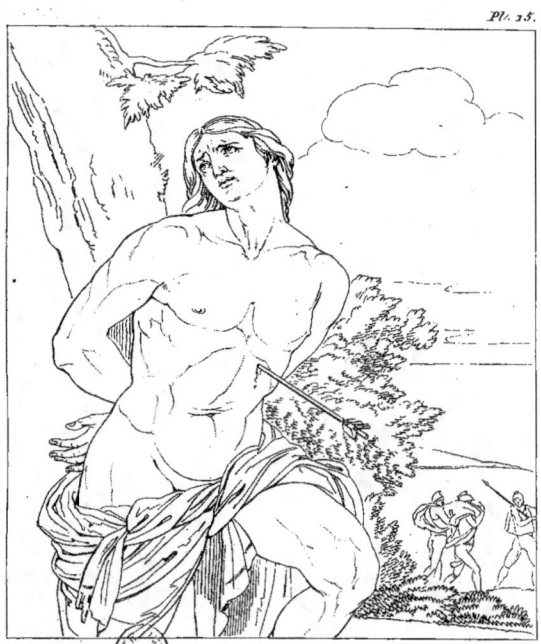

Pl. 35.

Le Guide pinx.^t C. Normand sc

St Sebastian.

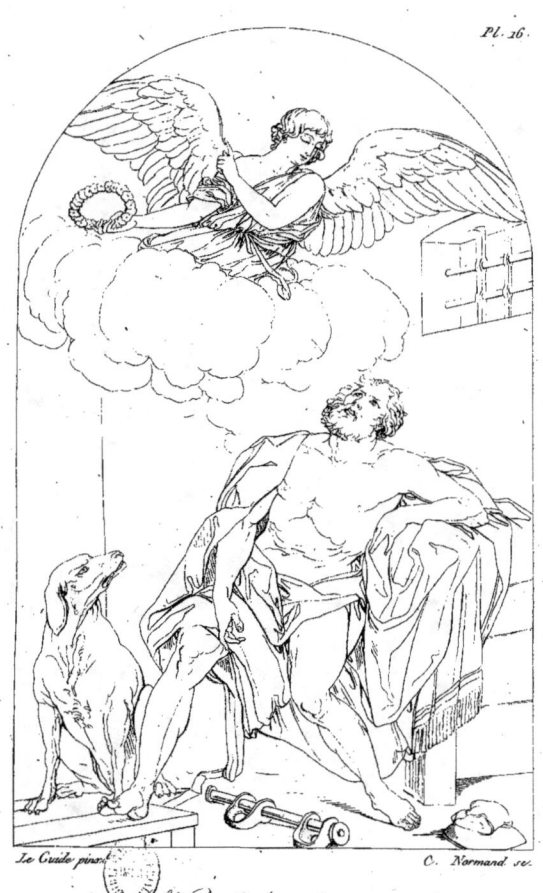

S.t Roch dans la prison.

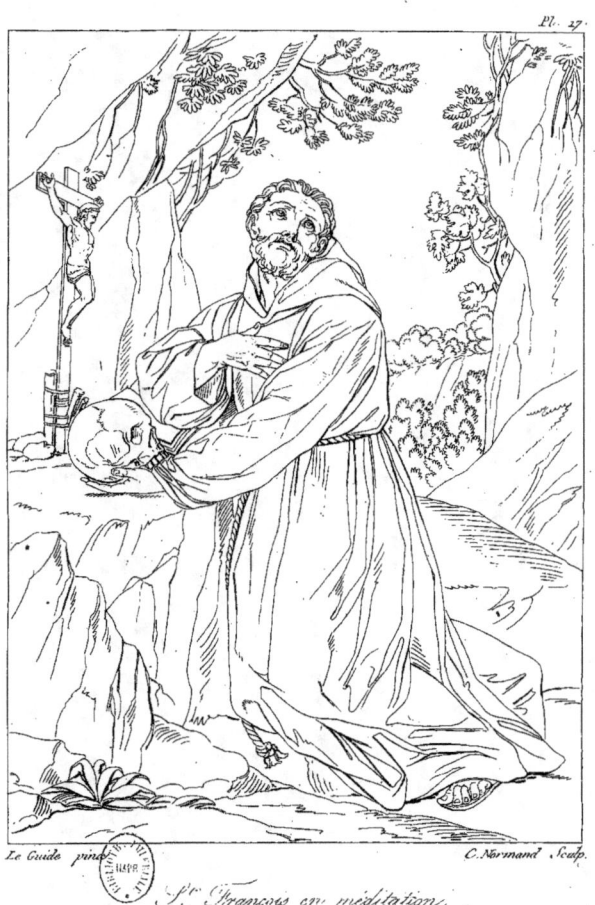

St. François en méditation.

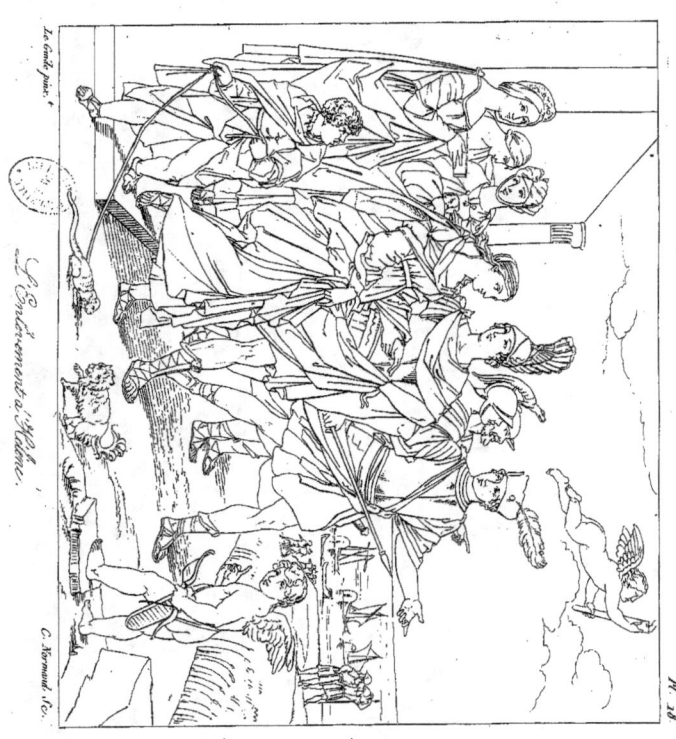

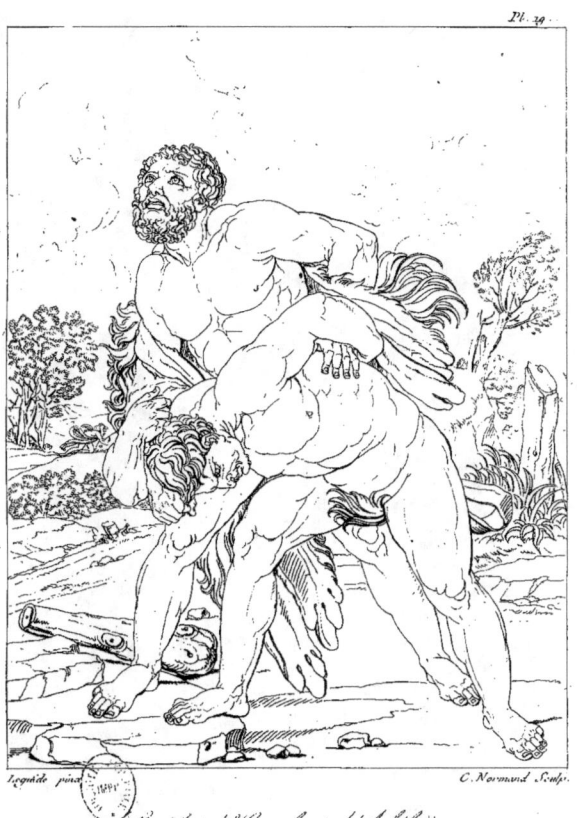

Combat d'Hercule et d'Achéloüs.

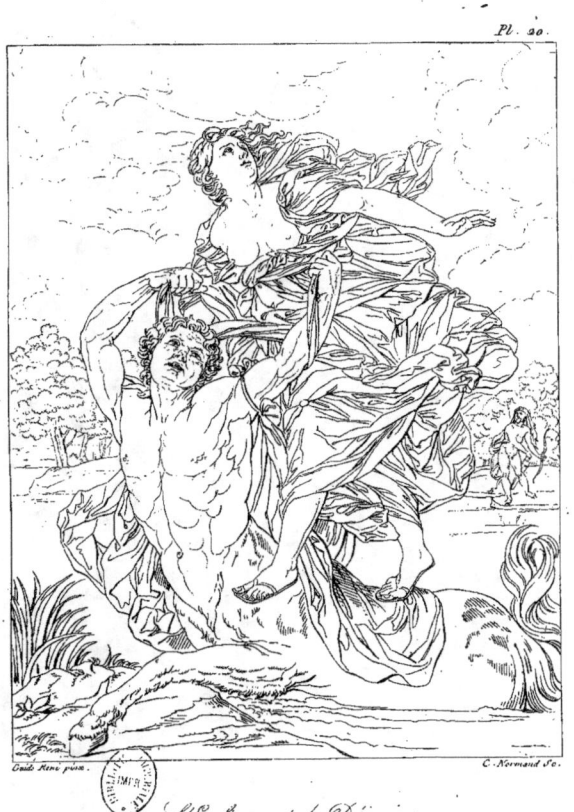

L'Enlèvement de Déjanire.

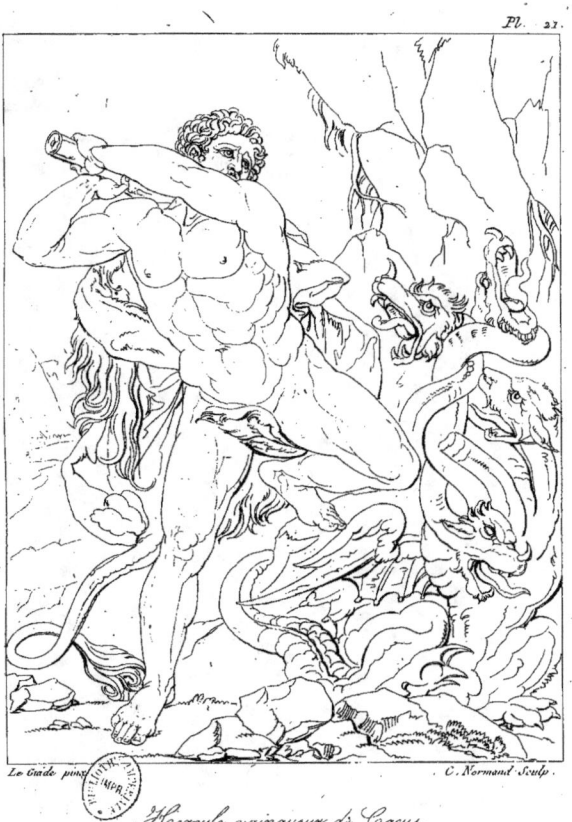

Hercule vainqueur de Cacus.

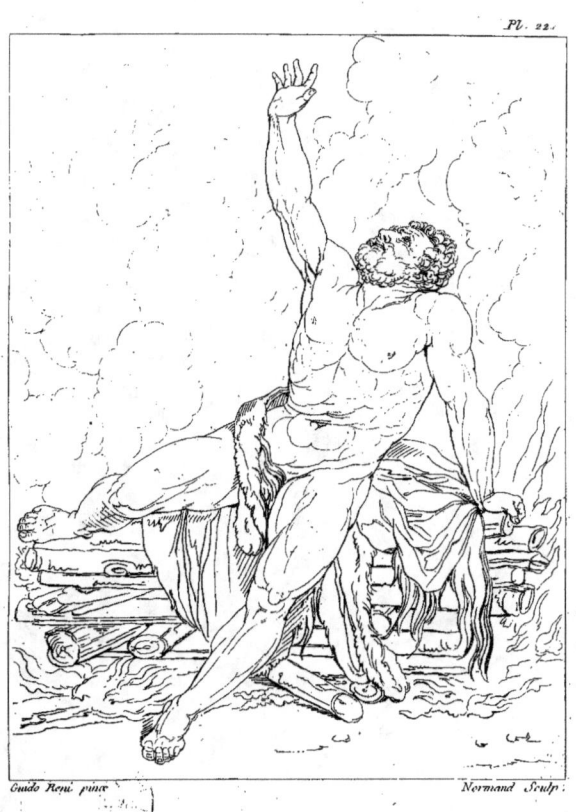

La mort d'Hercule.

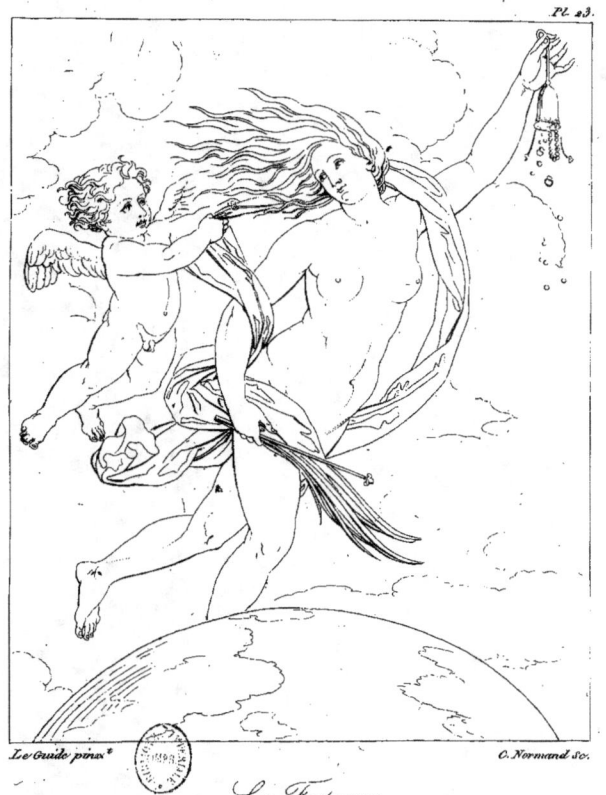

La Fortune.

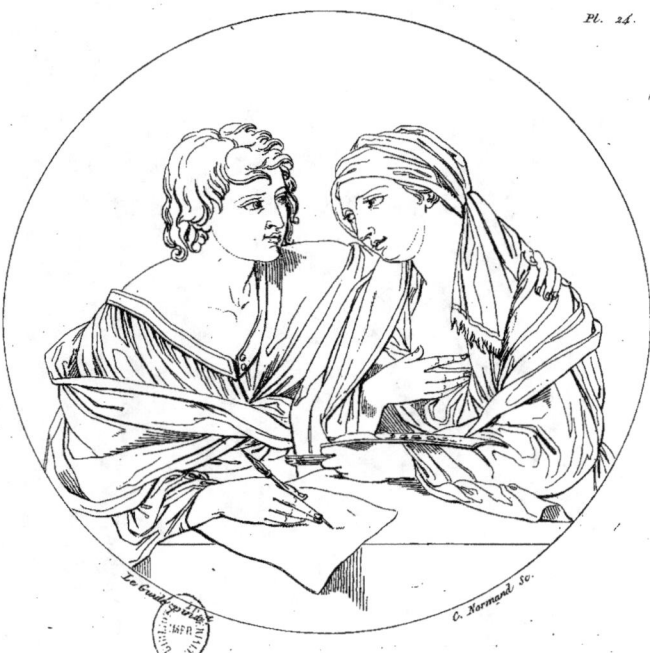

L'alliance du Dessin et de la Peinture.

VIE

ET CHOIX DE L'OEUVRE

DE

PAUL VÉRONÈSE.

VIE
DE PAUL VÉRONÈSE.

Le Guide disait que, de tous les peintres, Paul Véronèse était celui dont il aurait préféré avoir le talent. « On reconnaît l'art, ajoutait-il, dans les ouvrages des autres maîtres; dans les siens on ne voit que la nature. » Ce juste éloge a d'autant plus de poids, qu'il sort de la bouche d'un artiste célèbre qui avait approfondi tous les secrets de la peinture. Malgré les critiques que la manière de Paul Véronèse a essuyées, il est regardé généralement comme un génie merveilleux, dont les productions sont aussi étonnantes par la verve du pinceau que par la majesté de l'ensemble.

Paul Caliari doit à la ville de Vérone, où il naquit en 1532, le surnom qu'il a illustré. Il sortit de l'atelier de son père, qui était sculpteur, pour entrer dans celui de Badile, son oncle, peintre estimé à Vérone. Paul était trop heureusement né pour ne pas faire de rapides progrès. Ses essais lui valurent la protection du cardinal de Gonzague, qui le conduisit à Mantoue et lui donna des occasions de se faire connaître. Paul se rendit ensuite à Venise, où il ne tarda pas à entrer en concurrence avec le Tintoret, François Bassan et Baptiste Franco, pour les travaux que le Sénat voulait faire exécuter. Au jugement du Titien, du Sansovin et de ses rivaux même, il mérita d'être préféré, et fut décoré d'une chaîne d'or décernée par le Sénat. On doit observer, à cette occasion, que ce peintre, qui obtint par la suite des succès encore plus flatteurs, ne fut jamais en butte à l'envie : ce ne fut sans doute qu'à ses qualités personnelles qu'il dut ce rare avantage. Retenu à Venise par les témoignages d'estime qu'il y recevait, Paul Véronèse ne quitta cette ville que pour retourner quelquefois dans sa patrie, et pour faire le voyage de Rome à la suite du procurateur Grimani. A son retour à Venise, il montra le fruit qu'il avait retiré de l'étude des ouvrages de Michel-Ange et de Raphaël; et, pour prix des beautés nouvelles qu'on découvrait dans ses tableaux, le Sénat le créa chevalier de Saint-Marc. Sa réputation fut alors à son comble; mais son désintéressement extrême et son goût pour la magnificence mirent quelque temps obstacle à sa fortune. Dans ses travaux il n'envisageait que la gloire; et l'on sait que l'immense tableau des Noces de Cana, son chef-d'œuvre et peut-être celui de la peinture, comme on l'a dit plusieurs fois, ne lui fut guère payé que la valeur de la toile et des couleurs. Il en fut de même de plusieurs morceaux presque aussi considérables qu'il exécuta pour les couvens, où il trouvait un refuge quand le mauvais état de ses affaires le contraignait à s'éloigner de Venise.

Ayant passé plusieurs jours dans la maison des Pisani, il peignit secrètement un tableau de la famille de Darius, où il y avait plus de vingt figures capitales. A son départ, il le laissa à ses hôtes en reconnaissance de l'hospitalité qu'il avait reçue. Malgré la générosité de son caractère, le faste de sa maison, la richesse de ses vêtemens, Paul Véronèse trouva enfin le moyen d'acquitter ses dettes, et se fit une fortune indépendante. Le nombre de ses ouvrages est prodigieux; et il jouissait d'une si grande renommée, que Philippe II lui fit les offres les plus avantageuses pour l'attirer en Espagne; mais il préféra rester à Venise. Tendre époux, bon père, ami constant, il se fit généralement aimer. Une piété douce était la base de ses qualités précieuses, et n'ôtait rien aux agrémens de sa société. Paul ne croyait pas que sans la vertu l'on pût être un peintre du premier ordre, et il disait souvent : « La peinture est un don du ciel : ce qui couronne toutes les qualités nécessaires à un grand peintre, c'est la probité et l'intégrité de mœurs. »

Paul Véronèse n'atteignit pas un âge avancé. S'étant trop échauffé à suivre une procession, il fut saisi d'une fièvre qui le conduisit au tombeau, dans sa cinquante-sixième année. Les pères de Saint-Sébastien, à Venise, lui firent élever un monument dans leur église, qu'il avait enrichie de beaucoup de chefs-d'œuvre. Il laissa des fils qui cherchèrent à marcher sur ses traces.

Raynolds, dans ses discours sur la peinture, a vivement critiqué

Paul Véronèse : un style d'apparat, un goût théâtral, sont les moindres défauts qu'il lui reproche. Sans doute ce peintre aimait le *fracas*, suivant l'expression technique; mais doit-on s'étonner si l'homme qui ouvre une route nouvelle s'égare quelquefois? Quant aux anachronismes qu'il semble s'être plu à multiplier, soit en rassemblant dans ses compositions des personnages qui vivaient à des époques différentes, on en a trop parlé pour en parler encore; mais ce qu'on ne peut trop répéter, c'est que ce peintre est peut-être le premier des coloristes. Ses tableaux, qui ont conservé toute leur fraîcheur, semblent défier la nature, tant leur effet est vrai, vif et harmonieux. Le dessin de Paul Véronèse, sans être très-savant, a de la grandeur; les attitudes de ses figures sont souvent nobles et toujours heureuses; les airs de tête gracieux et expressifs; les draperies larges et bien disposées. Quant à sa manière de peindre, elle est la plus belle qu'on puisse imaginer : tout semble vivre dans ses productions. On raconte que des paysans le voyant un jour assis devant un tableau qu'il venait de terminer, le crurent en société; il fallut qu'il les tirât d'erreur. Personne n'a mieux entendu que lui l'ordonnance des grandes compositions. Enfin, la nature fut l'objet de sa constante étude; et s'il manque quelquefois de simplicité, il ne manque jamais de vérité ni d'élévation. Ceux même qui lui reprochent jusqu'aux fautes de ses imitateurs, ne peuvent s'empêcher de reconnaître en lui un des plus beaux génies dont l'art puisse s'honorer.

Ses deux fils, *Gabriel* et *Carletto*, ont été ses disciples. Carletto avait de si heureuses dispositions, qu'on jugea qu'il surpasserait son père; mais la mort l'enleva, en 1596, dans sa vingt-sixième année. Gabriel, qui lui survécut, avait moins de talent; il quitta la peinture pour s'adonner au commerce, et mourut de la peste en 1631, âgé de soixante-trois ans. A la mort de leur père, ils achevèrent plusieurs morceaux qu'il n'avait pu finir, aidés de leur oncle, Benoît Caliari, qui peignait l'architecture, et qui mourut le dernier de tous. On a remarqué que la peinture a été cultivée cent ans de suite dans cette famille. Paul Farinati a travaillé sous Paul Véronèse, ainsi que le cavalier Zelotti, qui avait été son compagnon d'étude.

Les principaux ouvrages de Paul Véronèse sont à Venise. Entre les grands tableaux qu'il y a exécutés, ouvrages consacrés par l'approbation publique, on distingue quatre banquets, seuls capables de l'immortaliser. Celui des Noces de Cana, à Saint-George-Majeur, est un des premiers tableaux qui existent, et peut-être le chef-d'œuvre de l'art; on y compte cent vingt figures et cent cinquante têtes très-variées. Le second repas est chez Simon le Lépreux, à Saint-Sébastien. Le troisième est à Saint-Jean et à Saint-Paul; c'est le repas chez Lévi, publicain : ce tableau a été endommagé par le feu. Le quatrième est encore le repas chez Simon le Lépreux; il était chez les Pères Servites; on le voit présentement à Versailles dans le salon d'Hercule. Ces Pères ayant refusé de ce tableau une somme considérable que Louis XIV leur offrait, la République fit enlever le tableau et en fit hommage au Roi. Dans d'autres églises de Venise, on compte plus de vingt grands tableaux de Paul Véronèse; trois à Vérone; deux à Milan; deux à Brescia; un à Padoue; un à l'Escurial, en Espagne; trois dans la galerie de Modène; un à Mantoue; un dans le palais du Grand-Duc; deux dans celui du duc de Parme; cinq à Dusseldorf, chez l'Électeur palatin.

Le Roi de France, outre les deux tableaux que nous venons de citer, possède dix tableaux de ce maître : Esther devant Assuérus; Suzanne surprise au bain; la Fuite de Loth et de ses filles; Jésus guérissant la belle-mère de Saint Pierre; Jésus succombant sous le poids de sa croix; Jésus crucifié entre deux larrons; les Pèlerins d'Emmaüs; la Vierge et l'Enfant Jésus, accompagnés de plusieurs Saints; Marie-Madeleine donnant à baiser la main de l'Enfant Jésus à une Religieuse; une Femme donnant la main à un enfant effrayé à l'approche d'un chien. Ces différens tableaux sont exposés dans la galerie du Musée.

On voyait autrefois dans la galerie d'Orléans, dont les tableaux ont passé en Angleterre : les Disciples à Emmaüs; l'Enlèvement d'Europe; Léda; Mars désarmé par Vénus; la Mort d'Adonis; Mercure et Hersé; Mars et Vénus; un Portrait de femme, c'est la fille de Paul Véronèse; son propre Portrait qui le représente entre le Vice et la Vertu; quatre Dessus de porte, sujets allégoriques; un autre tableau de Mars et Vénus; l'Embrâsement de Sodome; le Jugement de Salomon; les Israëlites sortant d'Égypte; Moïse sauvé des eaux.

On compte parmi les principaux graveurs de Paul Véronèse, Augustin Carache, Wosterman, Kilian, François Villamène, Matham, Saenredam, Lasne, Troyen, van Kessel, Lefèvre, Coëlemans, Hollart et autres. Crozat a fait graver pour son recueil vingt-cinq tableaux de ce maître.

TABLE DES PLANCHES

DE L'OEUVRE

DE PAUL VÉRONÈSE.

Pl. I. Rebecca et Éliéser. Tableau de l'ancienne collection du Roi de France. Placé au château de Versailles, sur la cheminée du salon d'Hercule. Il avait été vendu au Roi par M. de Jabach; ce dernier l'avait acheté à Venise, où il était, dans la maison des sieurs Bonalli.

Pl. II. La Fuite de Loth. Tableau du Musée du Louvre. Grav., *Benoît Audron*.

Pl. III. Esther devant Assuérus. De l'ancienne collection du Roi.

Pl. IV. Jésus guérit la belle-mère de Saint Pierre. De l'ancienne collection du Roi.

Pl. V. Le Repas chez Simon. Paul Véronèse le peignit, en 1570, pour le réfectoire des religieux de Saint-Sébastien à Venise. Grav., *J.-M. Metellus*.

Pl. VI. Le Repas de Notre-Seigneur chez Lévi le Publicain. Ce tableau fut peint en 1573 pour l'église de Saint-Jean et Saint-Paul à Venise, en remplacement d'une Cène, par le Titien, qu'un incendie avait dévorée. Grav., *F. Saenredam*.

Pl. VII. Les Noces de Cana. Ce tableau, le plus considérable des quatre Cènes que Paul Véronèse a exécutées, se voyait autrefois à Venise dans le réfectoire des moines de Saint-Jean-Majeur; il fait maintenant partie du Musée du Louvre : il n'avait été payé à l'artiste que 90 ducats, faisant 675 francs, argent de France. Grav., *N. C.*

Pl. VIII. Jésus portant sa croix. Tableau du Musée Royal, provenant de l'ancienne collection.

Pl. IX. Le Christ porté au tombeau.

Pl. X. Les Pèlerins d'Emmaus. De l'ancienne collection du Roi, au Musée. Graveur, *Sim.-Thomassin.*

Pl. XI. Le Martyre de Saint George. Peint pour le maître-autel de l'église de Saint-George à Vérone. Ce tableau a toujours passé pour le meilleur des ouvrages que Paul Véronèse ait laissés dans sa patrie. Grav., *Guine.*

Pl. XII. La Vierge, l'Enfant Jésus et plusieurs Saints. Peint pour l'église des Religieuses de Saint-Zacharie à Venise.

Pl. XIII. La Vierge, l'Enfant Jésus, la Madeleine, Saint Jean, Sainte Élisabeth et une Religieuse bénédictine. Tableau de l'ancienne collection du Roi, maintenant au Musée.

Pl. XIV. Mariage mystique de Sainte Catherine.

Pl. XV. La Vierge et l'Enfant Jésus, accompagnés de plusieurs Saints. De l'ancienne collection du Roi, maintenant au Musée. Grav., *Brebiette.*

Pl. XVI. Jupiter foudroyant les crimes. Ce tableau, tiré du palais ducal de Venise, où il occupait le milieu du plafond de la salle du *Conseil des Dix*, orne maintenant le plafond de la salle du Conseil au palais de Versailles.

Pl. XVII. L'Enlèvement d'Europe. Grav., *V. Lefevre.*

Pl. XVIII. Persée et Andromède. De l'ancienne collection du Roi. Grav., *Louis Jacob.*

Pl. XIX. Deux Portraits de Femme, au Musée.

FIN DE LA TABLE.

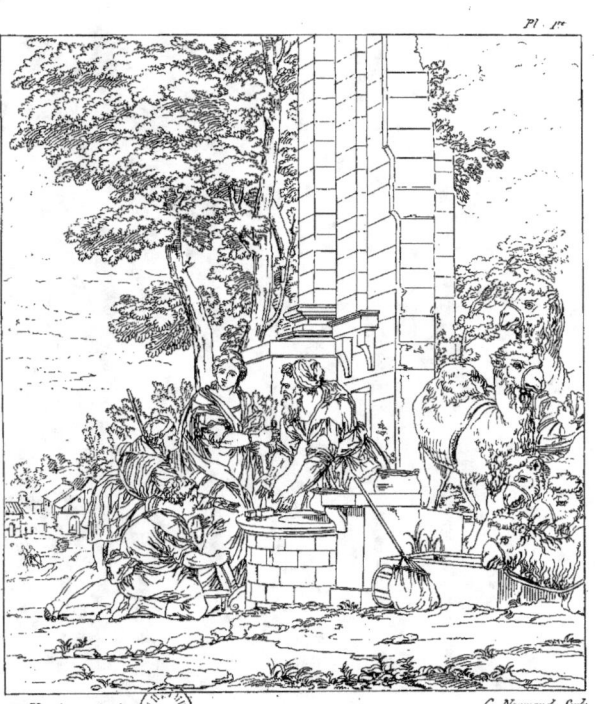

Rebecca et Eliezer.

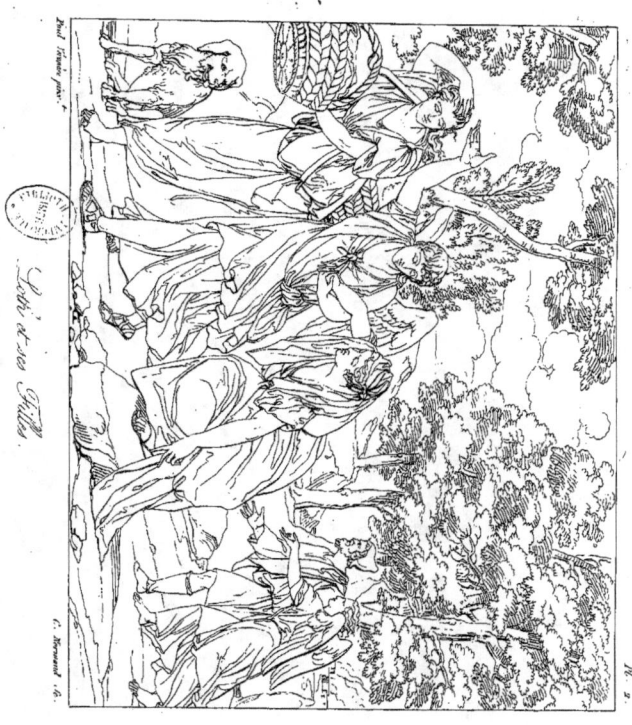

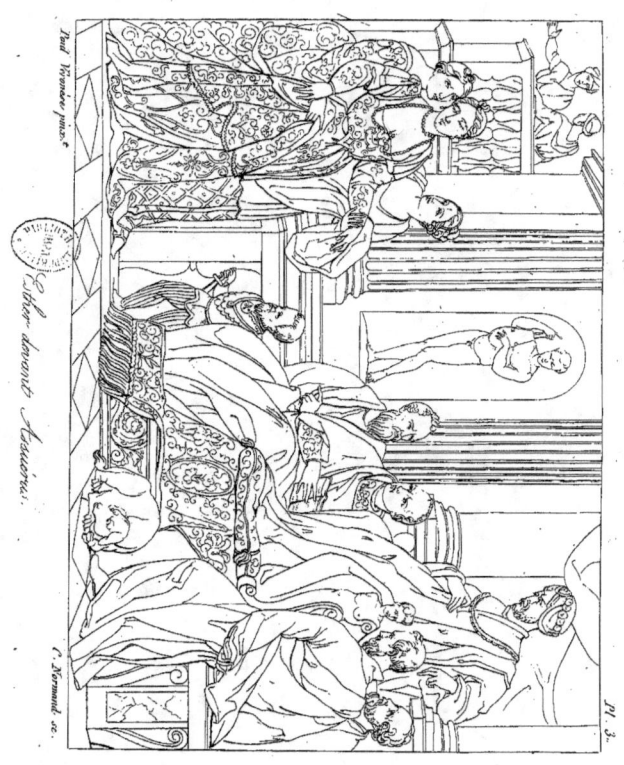

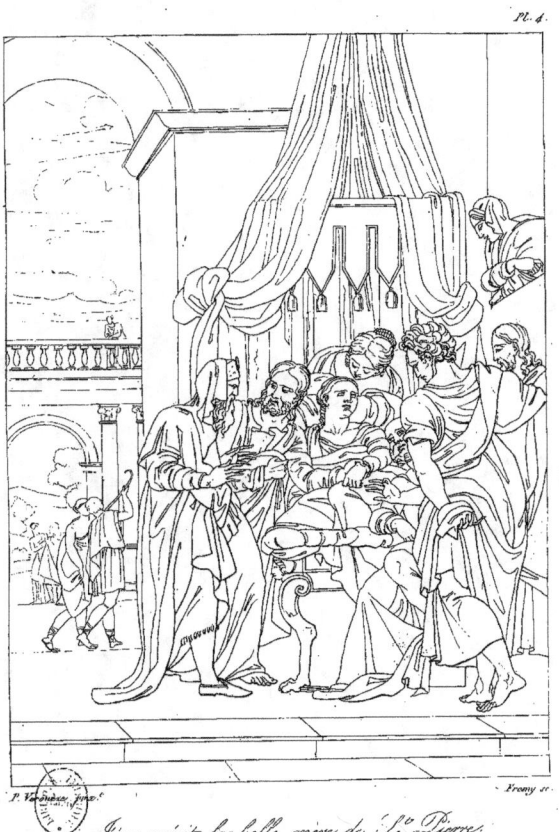

Jésus guérit la belle mère de St. Pierre.

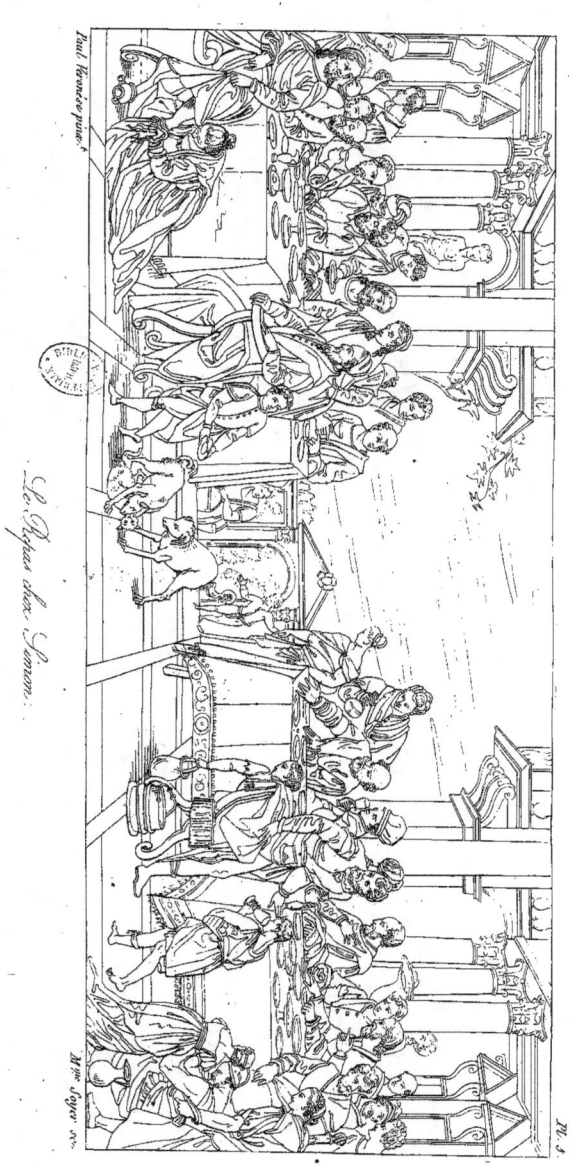

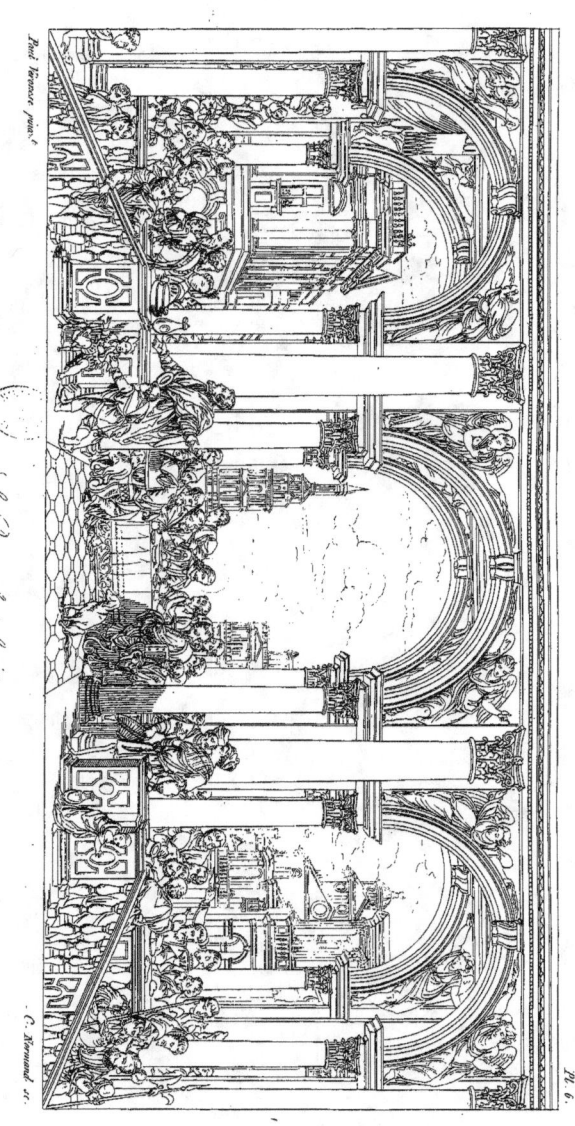

Le Repas chez Lévi.

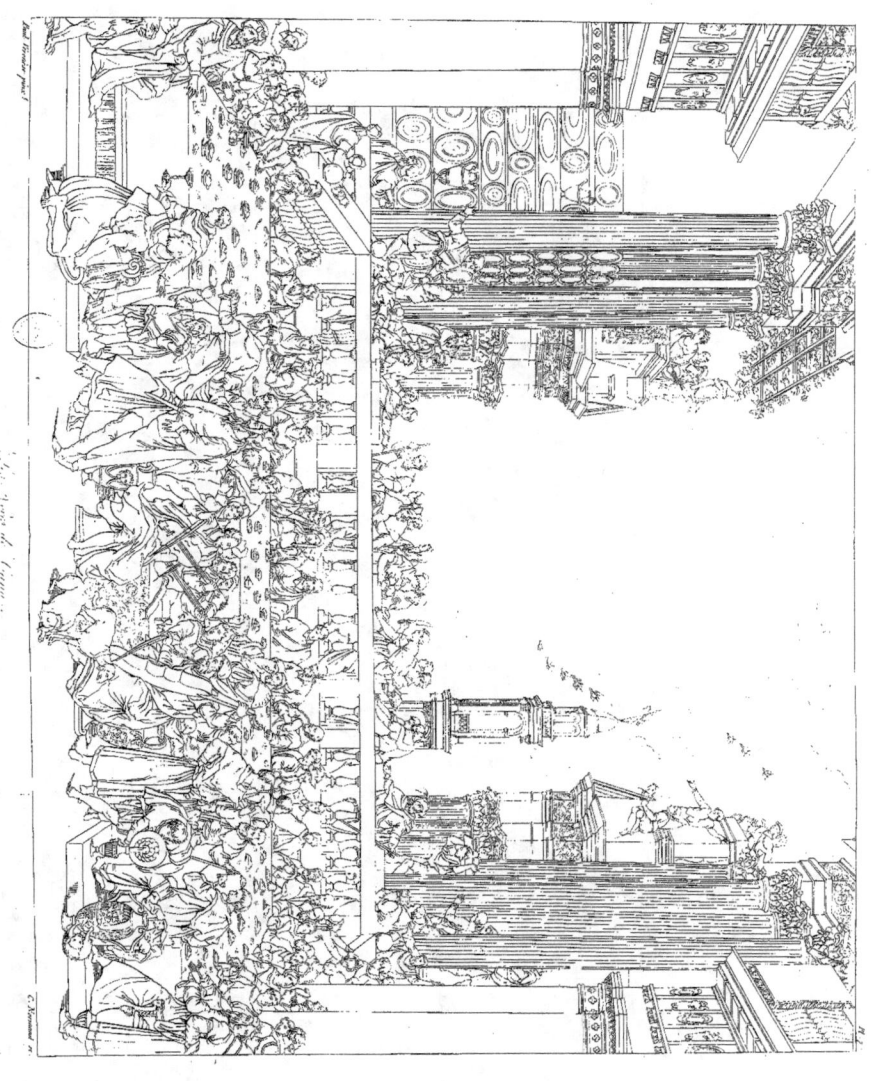

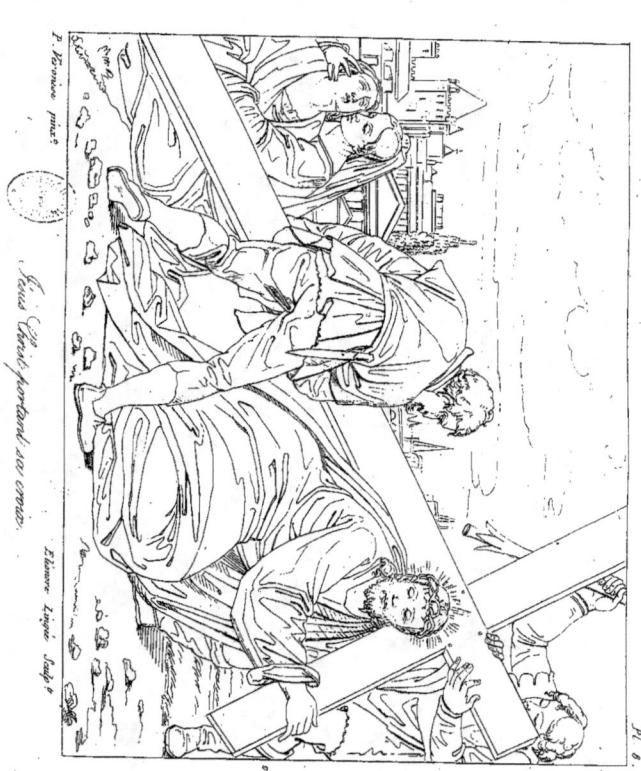

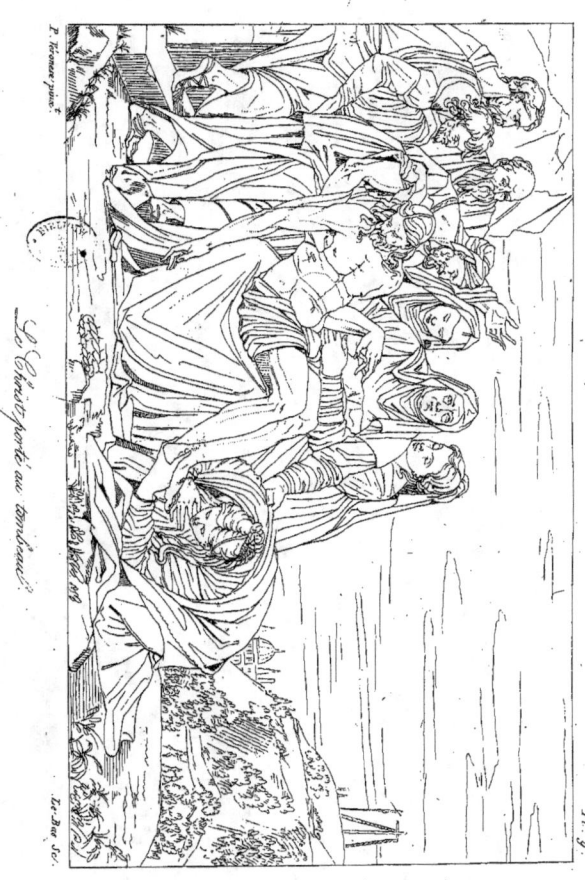

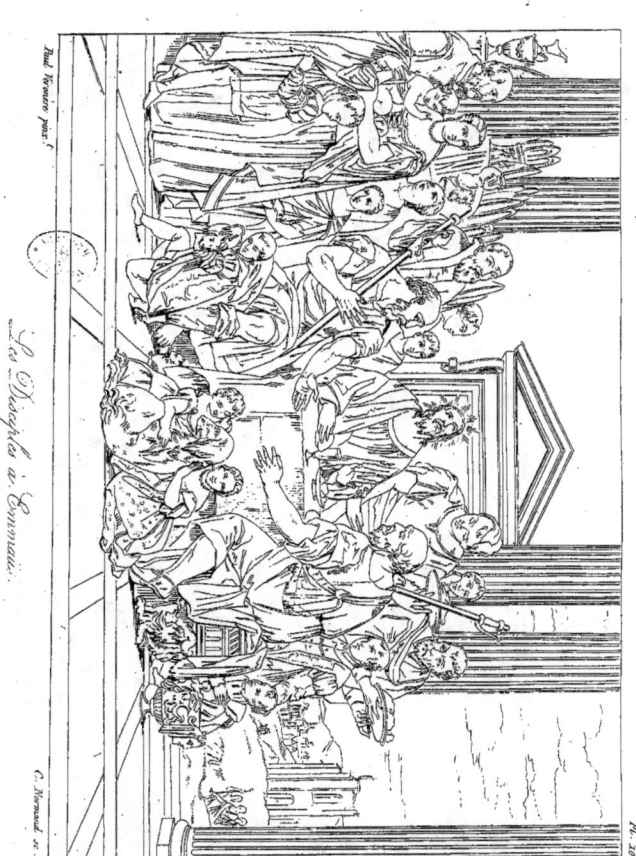

Les Disciples à Emmaüs.

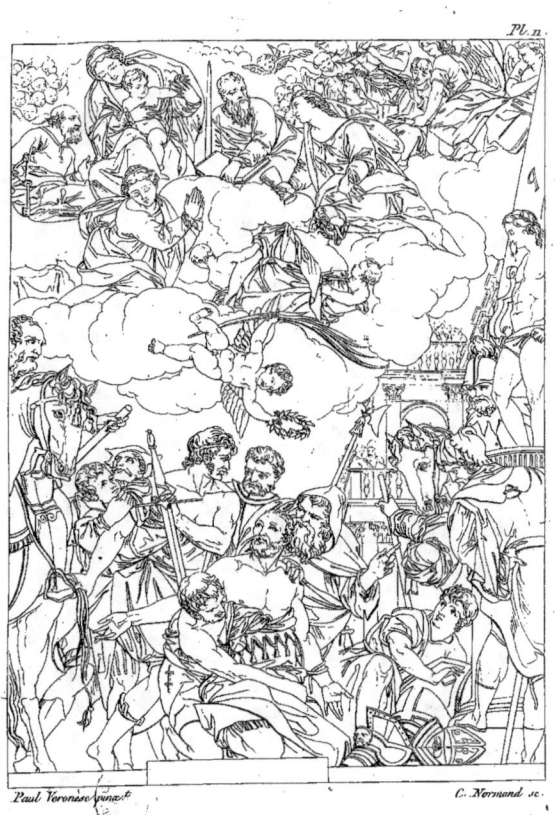

Paul Veronese pinx.t   C. Normand sc.

Le Martyre de S.t Georges

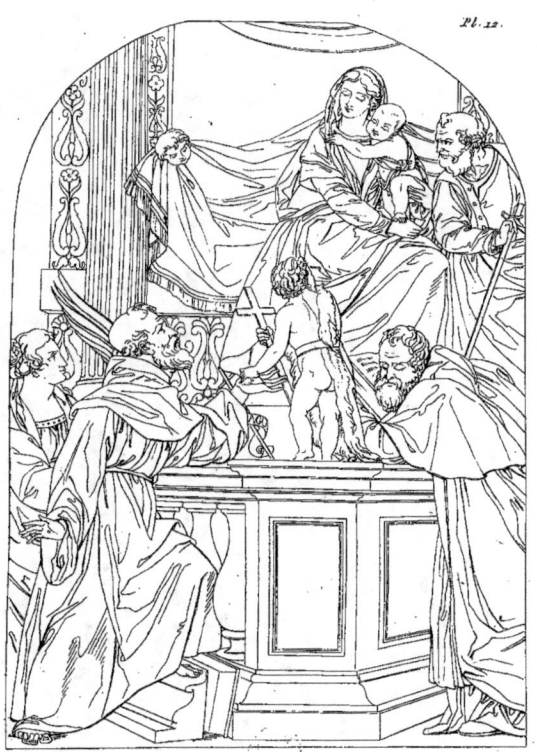

La Vierge, l'Enfant Jésus et plusieurs Saints.

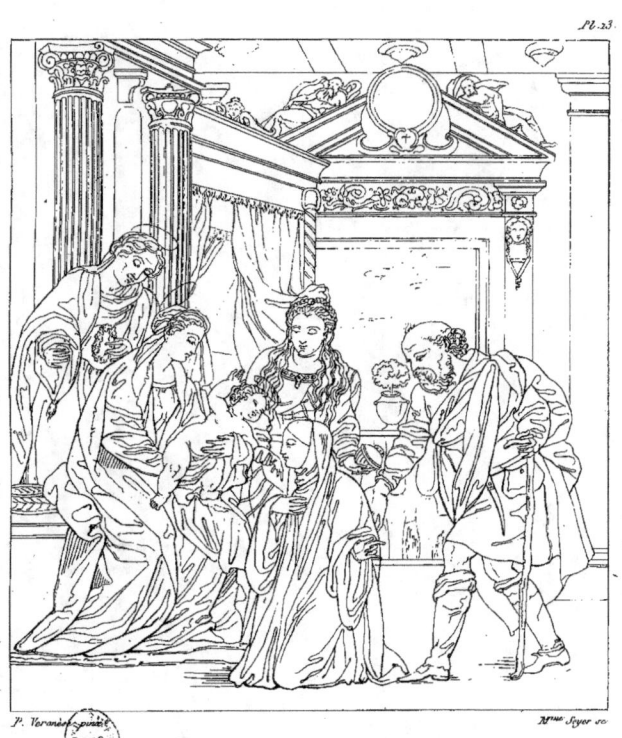

La Vierge et une Sainte à genoux.

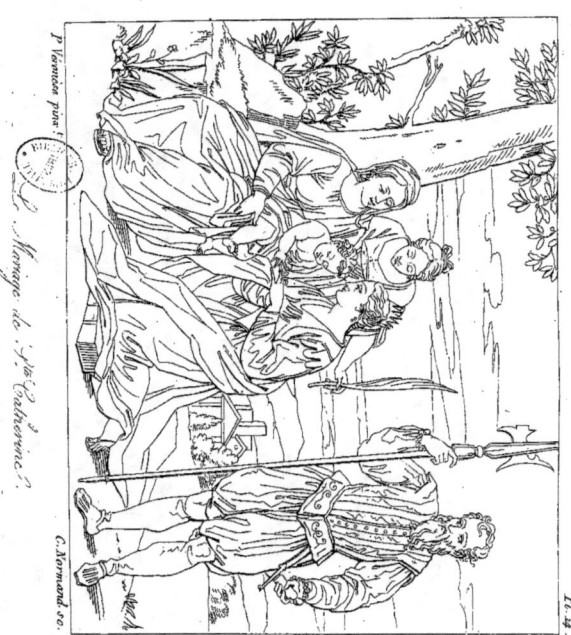

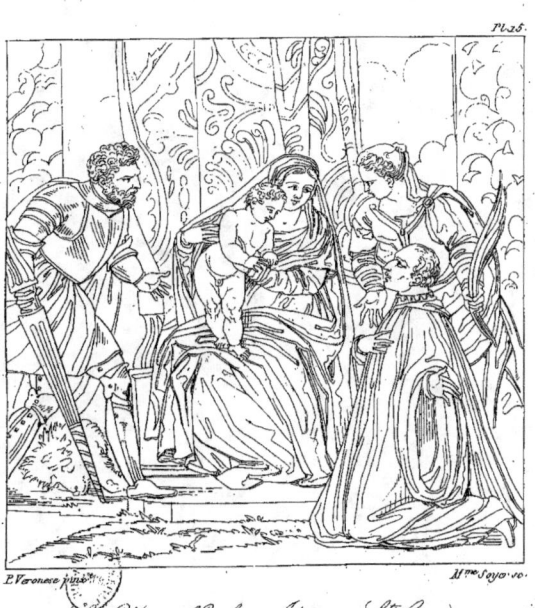

La Vierge, l'Enfant Jésus et St. Georges.

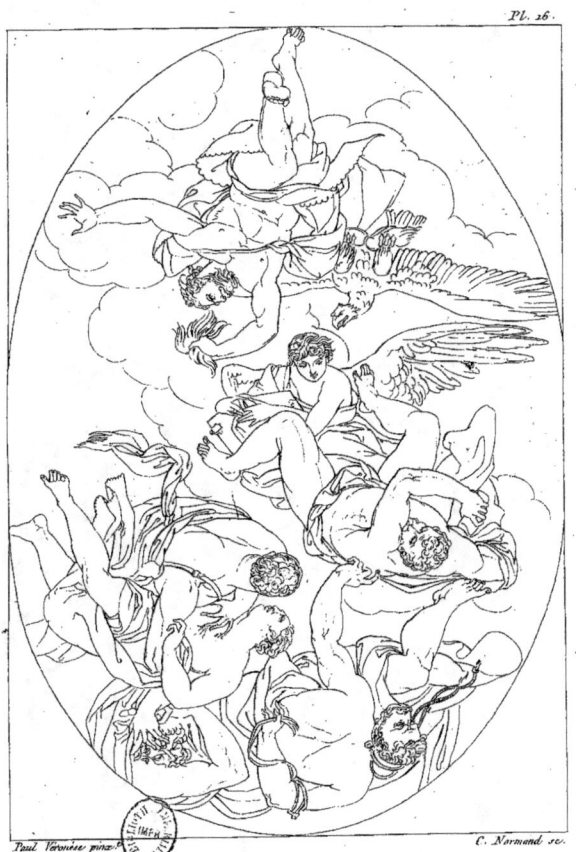

Jupiter foudroyant les crimes.

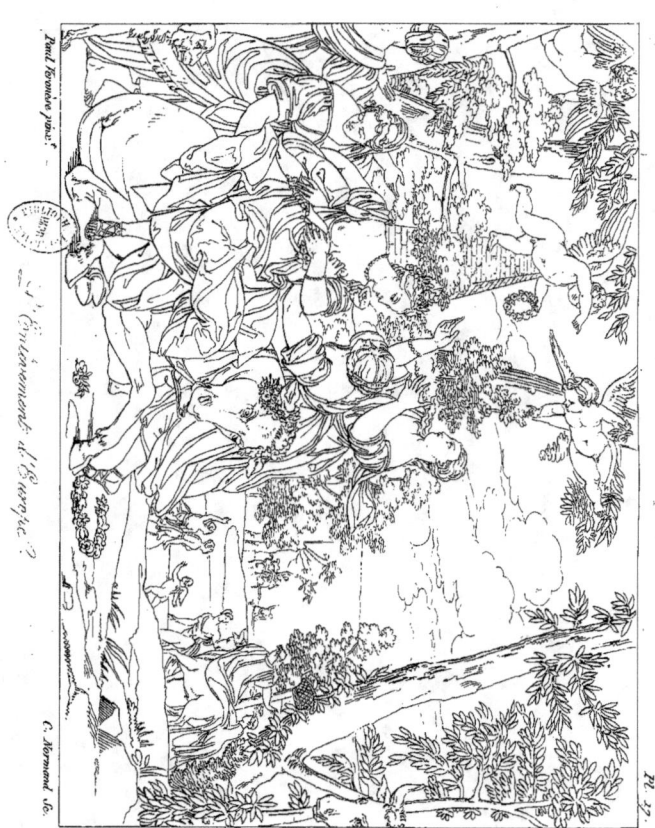

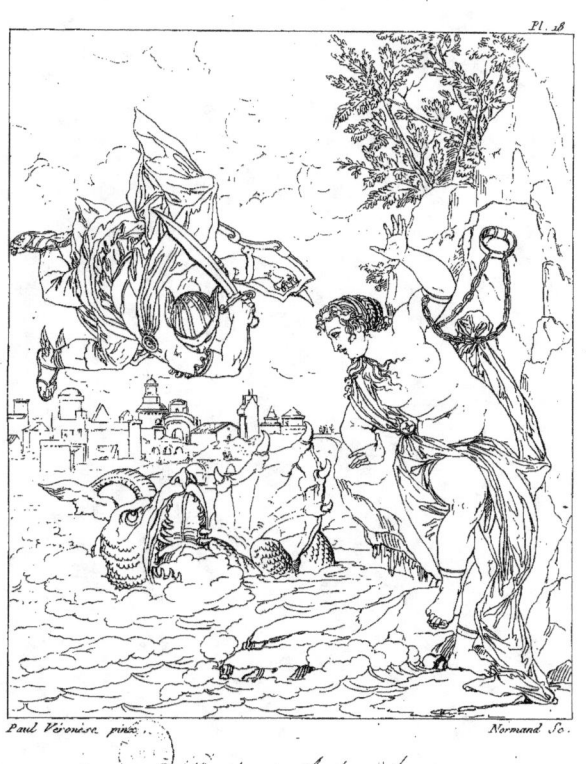

Persée et Andromède.

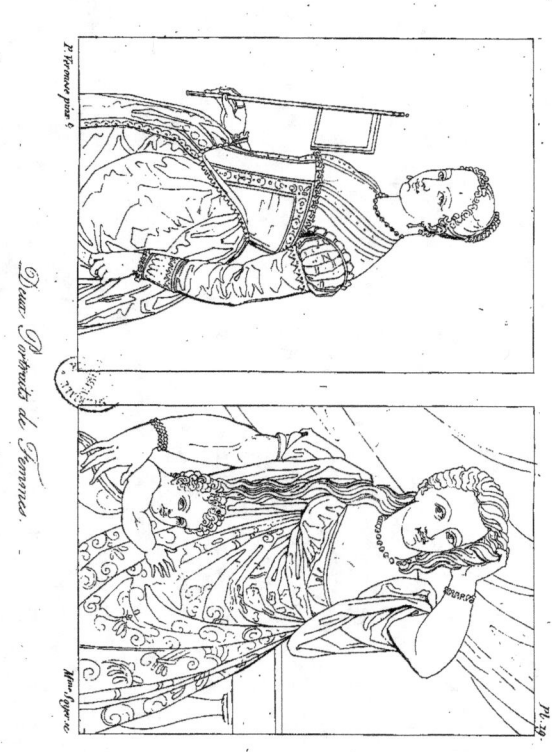

Deux Portraits de Femmes.

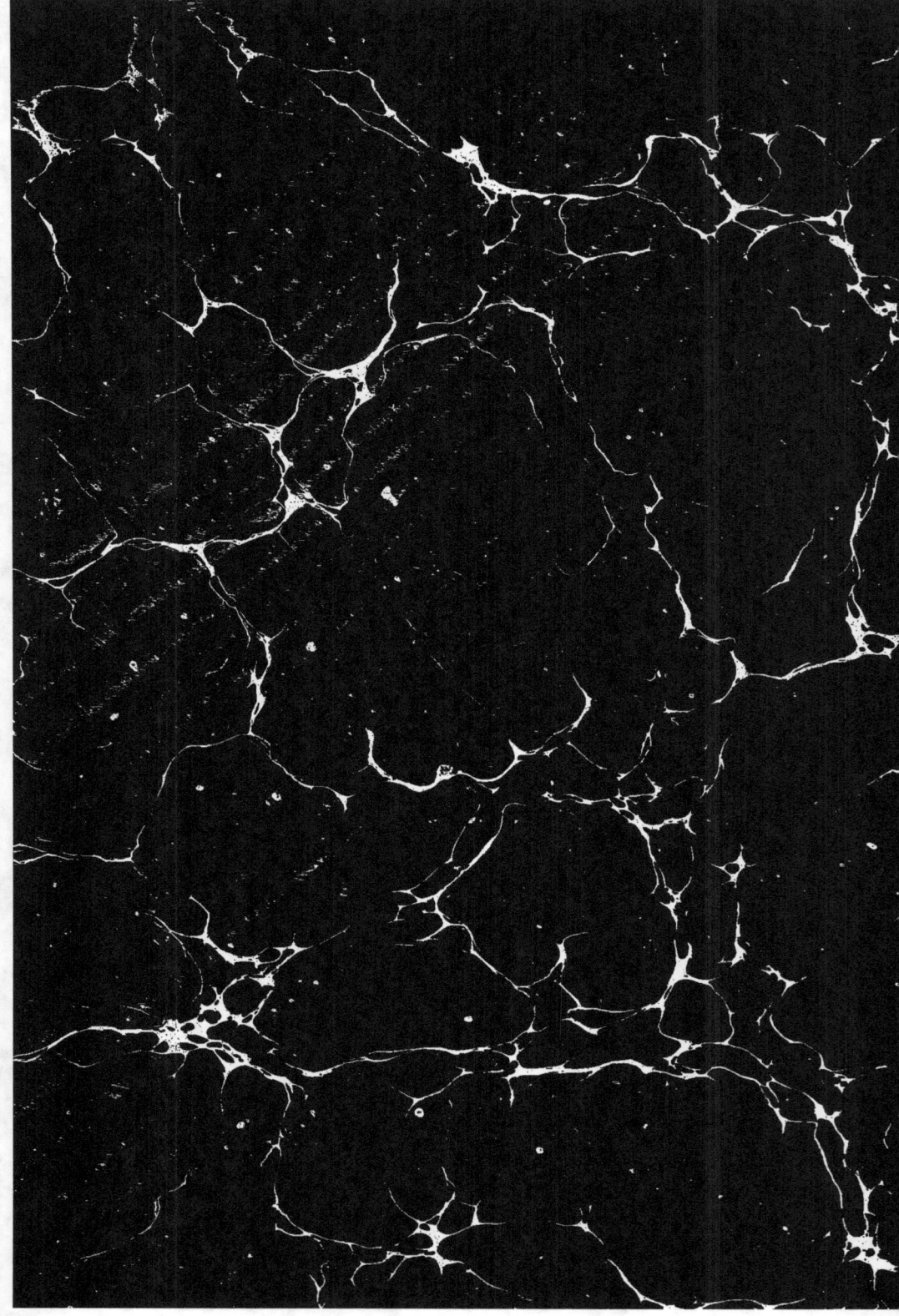

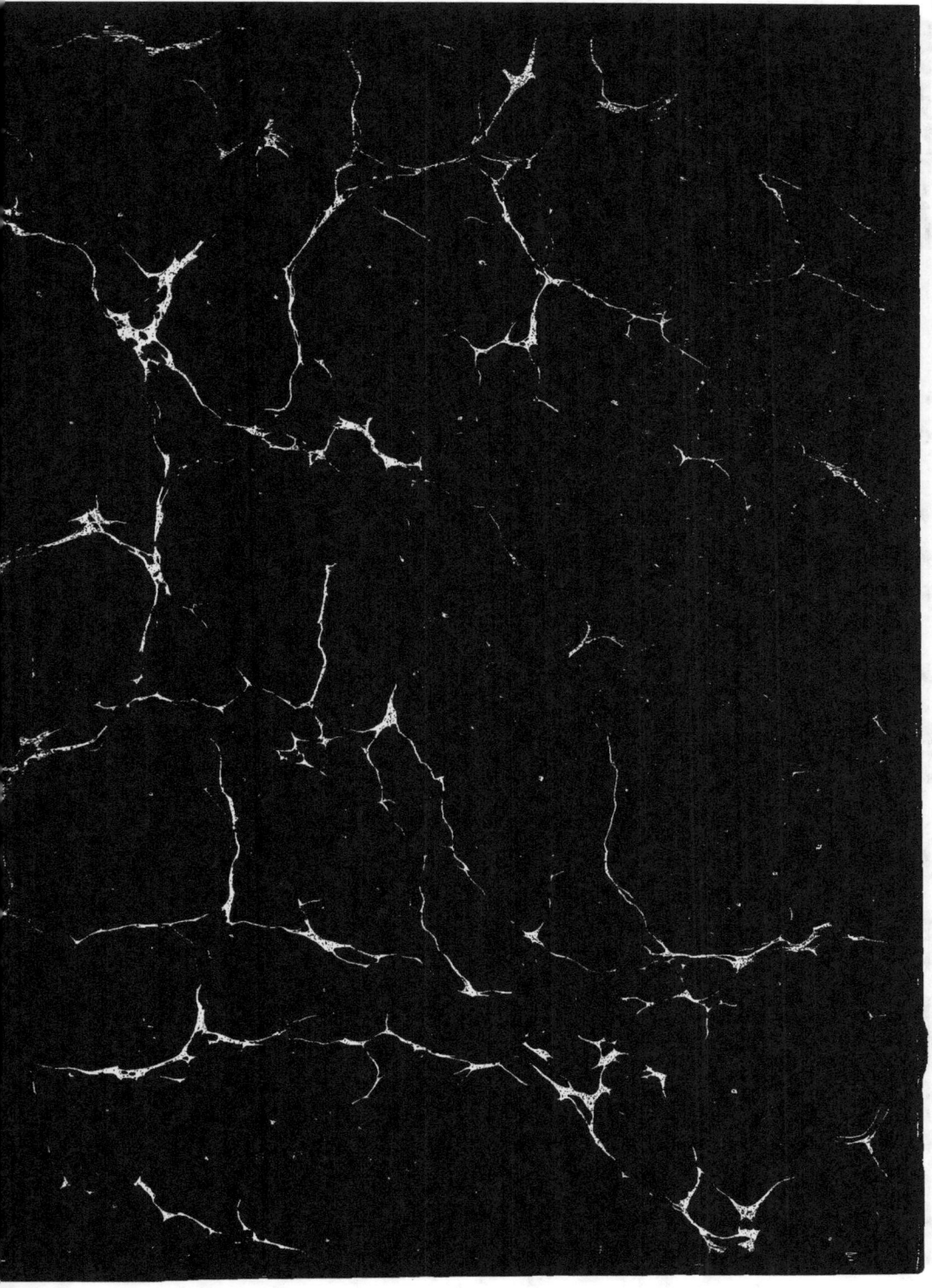

www.ingramcontent.com/pod-product-compliance
Lightning Source LLC
Chambersburg PA
CBHW071159240526
45470CB00017B/411